李宗吾談中國學術之趨勢

李宗吾——著

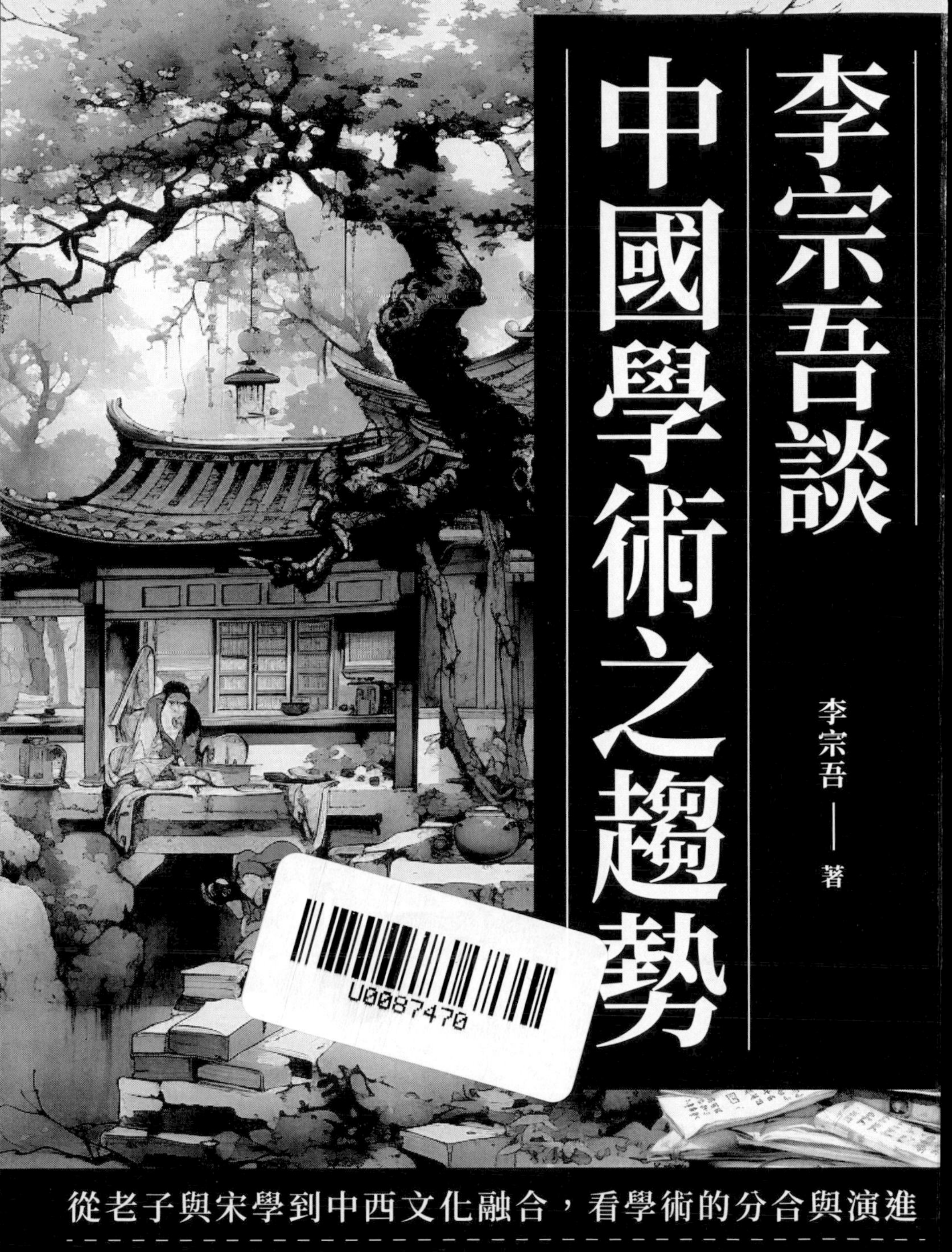

從老子與宋學到中西文化融合，看學術的分合與演進

老子與諸教的交織 ✕ 宋學與蜀學的關係 ✕ 宋儒的道統觀念

藉由中西文化對話，窺見學術的融合與衝突

目錄

目錄

目錄

自序

自序

自開闢以來，人類在地球上，行行走走，自以為自由極了。三百年前，出了一個牛頓，發明地心引力，才知道：任你如何走，終要受地心引力的支配，這是業已成了定論的。人類的思想，自以為自由極了，我們試把牛頓的學說，擴大之，把他應用到心理學上，即知道：任你思想如何自由，終有軌道可循，人世上，一切事變，無不有力學規律，行乎其間，不過一般人，習而不察，等於牛頓以前的人，不知有地心引力一樣。

我生平喜歡研究心理學。於民國九年，作一文曰：《心理與力學》。創出一條臆說：「心理依力學規律而變化。」有了這條臆說，覺得經濟政治外交，與夫人世一切事變，都有一定軌道，於是陸陸續續，寫了些文字，曾經先後發表。

後來我又研究諸子百家的學說，覺得學術上之演變，也有軌道可循。我們如果知道，從前的學術是如何演變，即可推測將來的學術，當向何種途徑趨去，因成一文曰：《中國學術之趨勢》。自覺此種觀察，恐怕不確，存在篋中，久未發表。去歲在重慶，曾將原稿交《濟川公報》登載，茲把他印為單行本，讓閱者指正。

我說：「心理依力學規律而變化。」聞者嘗駁我道：「我的思想，行動自由，哪裡有什麼規律？」殊不知我們受了規律的支配，自己還不覺得。譬如書房裡，有一鳥籠，鳥在籠中，跳來跳去，自以為活動自由了，而我們在旁觀之，任他如何跳，終不出籠之範圍。設使把籠打破，鳥在此室中，更是活動自由了，殊不知仍有一個書房，把他範圍著。漢唐以後的儒者，任他如何說，終不出孔子的範圍，周秦諸子和東西洋哲學家，可說是打破了孔子範圍，而他們的思想，仍有軌道可循，既有軌道可循，即是有規律。

自開闢以來，人類在地球上，行行走走，自以為自由極了。三百年前，出了一個牛頓，發明地心引力，才知道：任你如何走，終要受地心引力的支配，這是業已成了定論的。人類的思想，自以為自由極了，我們試把牛頓的學說，擴大之，把他應用到心理學上，即知道：任你思想如何自由，終有軌道可循，人世上，一切事變，無不有力學規律，行乎其間，不過一般人，習而不察，等於牛頓以前的人，不知有地心引力一樣。

自序

我寫文字，有一種習慣，心中有一種感想，即寫一段，零零碎碎，積了許多段，才把他補綴起來，成了一篇文字。此次所發表者，是把許多小段，就其意義相屬者，放在一處，再視其內容，冠以篇名。因此成了四篇文字：(1)老子與諸教之關係；(2)宋學與蜀學；(3)宋儒之道統；(4)中西文化之融合，總題之曰：《中國學術之趨勢》。

寫文字是發表心中感想，心中如何想，即當如何寫，如果立出題目，來做文字，等於入場應試，心中受了題之拘束，所有感想，不能盡情寫出，又因題義未盡，不得不勉強湊補，於是寫出來的，乃是題中之文，不是心中之文。我發表這本書，本想出以隨筆體裁，許多朋友說不對，才標出大題目，小題目，我覺得做題目，比做文章更難，文章是我心中所有，題目是我心中所無，此書雖名《中國學術之趨勢》，而內容則非常的簡陋，對於題義，發揮未及十分之一，這是很抱歉的。

我寫文字，只求把心中感想表達出，即算完事。許多應當參考的書，也未參考，許多議論，自知是一偏之見，仍把他寫出來。是心中有了這種疑團，特發表出來，請閱者賜教，如蒙指駁，自當敬謹受教，不敢答辯，指駁越嚴，我越是感謝。

民國二十五年七月二日 李宗吾於成都

自序

老子與諸教之關係

由道流而為德，為仁，為義，為禮，為刑，為兵，道是本源，兵是末流。老子屢言兵，他連兵都不廢，何至會廢禮？他說：「以道佐人主者，可以兵強天下。」又說：「夫慈以戰則勝。」慈即是仁，他用兵之際，顧及道字仁字，即是顧及本源之意。用兵顧及仁字，才不至窮兵黷武，用刑顧及仁字，才能哀矜勿喜，行禮顧及仁字，才有深情行乎其間，不至徒事虛文，行仁義顧及道德，才能到熙熙皞皞的盛世，不是相呴以濕，相濡以沫。

（一）中國學術分三大時期

中國學術最發達有兩個時期，第一是周秦諸子，第二是趙宋諸儒。這兩個時期的學術，都有創造性。漢魏晉南北隋唐五代，是承襲周秦時代之學術而加以研究，元明是承襲趙宋時代之學術而加以研究，清朝是承襲漢宋時代之學術而加以研究，俱缺乏創造性。周秦是中國學術獨立發達時期，趙宋是中國學術和印度學術融合時期。周秦諸子，一般人都認孔子為代表，殊不知孔子不足以代表，要老子才足以代表。趙宋諸儒，一般人都認朱子為代表，殊不知朱子不足以代表，要程明道（程顥）才足以代表。

《老子》一書，當分兩部分看，他說致虛守靜，歸根覆命一類話，是出世法，莊列關尹諸人，是走的這條路。他說「以正治國，以奇用兵」一類話，是世間法。孔子以仁治國，墨子以愛治國，申韓以法治國等，皆是以正治國。在吳司馬穰苴，是以奇用兵，這都是走的世間法這條路。《老子》一書，是把世間法和出世法，一以貫之，兩無偏重。所以提出老子，可以總括周秦學術的全體。

漢明帝時，印度佛教傳入中國，歷魏晉南北朝隋唐五代，愈傳愈盛，與中國固有的學術成為兩大派，相推相蕩，到了程明道出來，把二者融合為一，是為宋明之理學，名為儒家，實是中國和印度兩方學術融合而成的新學說。程明道的學說出來後，跟著就分為兩大派：一派是程伊川（程頤）和朱子（朱熹），一派是陸象山（陸九淵）和王陽明（王守仁）。所以宋學，要以程明道為代表，朱子不足以代表。

（一）中國學術分三大時期

從周秦至今，可分為三個時期。周秦諸子，為中國學術獨立發達時期。趙宋諸儒，為中國學術印度學術融合時期。現在已經入第三時期了。世界大通，天涯比鄰，中國印度西洋三方學說，相推相蕩，依天然的趨勢看去，這三者又該融合為一。故第三時期，為中西印三方學術融合時期。學術之進化，其軌道歷歷可循，知道從前中印兩方學術融合，出以某種方式即知將來中西印三方學術融合，當出以某種方式，我們用鳥瞰法，升在空中如看河流入海，就可把學術上的大趨勢看出來。

（二）《老子》一書是周秦學派之總綱

宇宙真理，是渾然的一個東西，最初是蒙蒙昧昧的，像一個絕大的荒山，無人開採，後來偶有人在山上拾得點珍寶歸來，人人驚異，大家都去開採，有得金的，有得銀的，有得銅鐵錫的。雖是所得不同，總是各有所得。周秦諸子，都是上山開採的人，這夥人中，所得的東西，是以老子為最多。

老子是道家，道家出於史官，中國有史以來，零零碎碎的，留下許多學說，直到老子出來，才把它整理成一個系統。他生於春秋時代，事變紛繁，年紀又高，眼見的事又多。身為周之柱下史，是國立圖書館館長，讀的書又多。他自隱無名，不問外事，經過了長時間的研究，所以能把宇宙真理發現出來。

老子把古今事變融會貫通，尋出了它變化的規律，定名曰道。道者路也。即是說，宇宙萬事萬物，非走這條路不可，把這種規律，筆之於書，即名之曰：《道德經》。德者有得於心也，根據以往的事變，就可以推測將來的事變，故曰：「執古之道，以御今之有。」

他見到了真理的全體，講出來的道理，顛撲不破，後人要研究，只好本著他的道理，分頭去研究。他在周秦諸子中，真是開山之祖。諸子取他學說中一部分，引而申之，擴而大之，就獨成一派。

前乎老子者，如黃帝，如太公（姜子牙），如鬻子（鬻熊）管子（管仲）等，《漢書．藝文志》均列入道家，算是老子之前驅，周秦諸子中最末一人，是韓非，非之書有《解老》、《喻老》兩篇，把老子的話，一句一句地解釋，呼老子為聖人，可見非之學也出於老子。至呂不韋門客，所輯的《呂氏春秋》，也是推尊黃老。所以周秦時代的學說，徹始徹終，可用老子貫通之。老子的學說是總綱，諸子是細目，是從總綱中，提出一部分，詳詳細細地研究，只能說研究得精細，卻不能出老子的範圍。

至於老子年代問題，有人說：孔子問禮於老子，為春秋時人，著《道德經》之老子，為戰國時人，是兩人，不是一人，這層不必深問，我們只說：《道德經》一書，可以總括周秦學術之全體。其書出現於周秦諸子之前，是諸子淵源於老子，出現於周秦諸子中間，或在其後。我們可說：《道德經》可以貫通諸子，而集周秦學術之大成，無論他生在春秋時，生在戰國時，甚或生在嬴秦時，其為周秦學術之總代表則一也。

關於老子姓名問題，有種種說法，甚有謂老子姓老者。我想不必這樣講，古人的名字，有點像字學中之反切法，用兩個字，切出一個字，舉出其人之兩個特點，即知其為某人，名字之上，不必一定冠以姓，如祝鮀是名之上冠以官。行人子羽，是字之上冠以官。東里子產，是字之上冠以地，叔梁紇，是名之上冠以字。司馬遷是史官，故稱史遷，曾受腐刑，又稱腐遷。他如髯參軍，短主簿，是官職之上，冠以形貌，只要舉出兩個特點，即可確定其為某人，大約老子耳有異狀，故姓李名耳，他是自隱無名的人，埋頭研究學問，世人得見他時，年已老矣，人人驚其學問之高深，因其鬚髮皓然，又是一個大耳朵，因呼之為老聃，聃是生前的綽號，不是死後之謚，他不是生而皓首，乃是世人得見他時，業已皓首了。一般學者，聞老子之名，都來請教。孔子也去問禮。各人取其學說之一部分，發輝光大之，就成為一家之言，發表出來，盡是新奇之說，人人都去研究。老子自隱無名，其出處存亡，世人也就不甚注意了。猶之四川廖平與康有為說一席話，康本其說，跟即著出《孔子改制考》，《新學偽經考》，震驚一世，而廖之書尚未出也，其人亦不甚為世注意。老子年齡，比孔子大二三十歲，孔子是七十幾歲死的，老子修神養身，享年最高，或許活到二百多歲，著道德經時，已入了戰國時代，這也是可能的事。

(三) 無為之意義

老子的「無為」，許多人都誤解了。《老子》一書，是有為，不是無為。他以為：要想有為，當從無為下手，所以說「無為則無不為」。他的書，大概每句中，上半句是無為，下半句是有為。例如：「慈故能勇，儉故能廣，不敢為天下先，故能成器長。」要想勇當從慈做起走。要想廣，當從儉做起走。要想成器長，當從不敢為天下先做起走。慈與儉，不敢為天下先，是無為；能勇，能廣，能成器長，即是有為。老子洞明盈虛消長之理，陰陽動靜，互相為根，凡事當從相反方面下手，如作文欲抑先揚，欲揚先抑，寫字欲左先右，欲右先左一般。老子說：「我無為而民自化，我好靜而民自正，我無事而民自富，我無慾而民自樸。」我無為，我好靜，我無事，我無慾，我無為；能使民化民正，能使民富民樸，是有為。「弱勝強，柔勝剛」。弱柔是無為，勝強勝剛，是有為。老子書中，這類話很多，都是「無為則無不為」的實證。

老子所說的無為，是順其自然，我無容心的意思。當為的就為，當不為的就不為，如果當為的不為，這是有心和自然反抗，這叫做有為，算不得無為。王弼注《老子》，就是這種見解。他注《老子》二十七章說道：「須自然而行，不造不始。」注二十九章說道：「萬物以自然為性，故可因而不可為也，可通而不可執也，物有常性而造為之，故必敗也，物有往來而執之，故必失矣。」可算得了老子的真諦。老子說：「輔萬物之自然而不敢為。」（韓非本作恃，按作輔義較長）。即是《陰符經》所說：「聖人知自然之不可違，因而制之。」（現在的《陰符經》，雖是偽書，但說的道理不錯。）也即是《易經》所說：「裁成天地之體，輔相天地之宜。」曹參為相，日飲醇酒，諸事不為，只可謂之「不輔萬物之自然」，「不裁成天地之道，不輔相天地之宜」，「知自然之不可違，因而不制之」。黃老之道，豈是這樣嗎？老子說：「其安易持，其未兆易謀，其脆易判，其微易散，為之於未有，治之於未亂，合抱之木，生於毫末，九層之臺，起於累土，千里之行，始於足下。」老子把宇宙事事物物的來龍去脈，看得清清楚楚的，事未發動，或才發動，就把他弄好了。

猶如船上掌舵的人，把水路看得十分清楚，只須輕輕地把舵一搬，那船就平平穩穩地下去了，這叫做無為。即是所謂，「善用兵者無赫赫之功」，何嘗是曹參那種辦法呢？文景行黃老，只是得點皮毛，於「為之於未有，治之於未亂」等工作，未免缺乏，所以不無流弊。但政治之修明，已成為三代下第一，黃老之道之大，也可想見了。

（四）「失道而後德，失德而後仁，失仁而後義，失義而後禮」之意義

老子說：「失道而後德，失德而後仁，失仁而後義，失義而後禮。」失字作流字解。道流而為德，德流而為仁，仁流而為義，義流而為禮，道德仁義禮五者，是連貫而下的。天地化生萬物，有一定規律，如道路一般，是之謂道，吾人懂得這個規律，而有得於心，即為德，本著天地生物之道，施之於人即為仁。仁是渾然的，必須制裁之，使之合宜，歸為義。但所謂合宜，只是空空洞洞的幾句話，把合宜之事，製為法式，是為飾文，即為禮。萬一遇著不守禮之徒，為之奈何？於是威之以刑。萬一有悖禮之人，刑罰不能加，又將奈何？於是臨之以兵。我們可續兩句曰：「失禮而後刑，失刑而後兵。」禮流而為刑，刑流而為兵。由道德至於兵，原是一貫而已。

老子洞明萬事萬物變化的軌道，有得於心，故老子言道德。孔子見老子後，明

白此理，就用以治人，故孔子言仁。孟子繼孔子之後，故言仁必帶一「義」字。荀子繼孟子之後，注重禮學。韓非學於荀卿（荀子），知「禮」字不足以範圍人，故專講刑名。這都是時會所趨，不得不然。世人見道德流為刑名，就歸咎於老子，說申韓之刻薄寡恩，來源於老子。殊不知中間還有道德流為仁義一層，由仁義才流為刑名的。言仁義者無罪，言道德者有罪，我真要為老子叫屈。

孔子說：「志於道，據於德，依於仁，游於藝。」都是順著次序說的，韓昌黎（韓愈）說：「博愛之謂仁，行而宜之之謂義，由是而之焉之謂道，存乎己無待於外之謂德」，把道德放在仁義之下，就算弄顛倒了。

老子說：「夫禮者忠信之薄而亂之首也。」這句話很受世人的痛罵，這也是誤解老子。道流而為德，德流而為仁，仁流而為義，義流而為禮，禮流而為刑，刑流而為兵。這是天然的趨勢，等於人之由小孩而少年，而壯，而老，而死一般。老子說：「失道而後德，失德而後仁，失仁而後義，失義而後禮。」等於說：「失孩而後少，失少而後壯，失壯而後老。」他看見由道德流而為禮，知道繼續下去，就是為刑為兵，故警告人曰：「夫禮者忠信之薄而亂之首也。」等於說：「夫老者少壯之終而死之始也。」這本是自然的現象，說此等話的人，有何罪過。

要救死只有「復歸於嬰兒」，要救亂只有「復歸於無為」。吾人身體發育最快，要算嬰兒時代，嬰兒無知無慾，隨時都是半睡眠狀態。今之修養家，叫人靜坐，卻用種種方法，無非叫人達到無知無慾，成一種半睡眠狀態罷了。嬰兒的半睡眠狀態，是天然的，修養家的半睡眠狀態，是人工做成的，只要此心常如嬰兒之未孩，也就可以長生久存了。我們知：復歸於嬰兒，可以救死；即知：復歸於無為，可以救亂。

國家到了非用禮不可的時候，跟著就有不禮之人，非用刑不可，跟著就有刑罰不能加的人，非用兵不可。所以到了用禮之時，亂兆已萌，故曰：「亂之首。」然則為之奈何？老子曰：「化而欲作，吾將鎮之以無名之樸。」亂機雖動，用「無為」二字，即可把他鎮壓下去。老子用的方法，是：「我無為而民自化，我好靜而民自正，我無事而民自富，我無慾而民白樸。」他這個話不是空談，是有實事可以證明。春秋戰國，天下大亂，延至嬴秦，人心險詐，盜賊縱橫，與現在的時局是一樣的。始皇二世，用嚴刑峻罰，其亂愈甚。到了漢初，劉邦的謀臣張良陳平，是講黃老的人，曹參相惠帝用黃老，文景也用黃老，而民風忽然渾樸，儼然三代遺風，這就是實行「鎮之以無名之樸」。人民就居然自化自正，自富自樸了，足知老子所說「復歸於無為」，是治亂的妙法。「復歸於嬰兒」，可以常壯不老；「復歸於無為」，可以常治不亂。

由道流而為德，為仁，為義，為禮，為刑，為兵，道是本源，兵是末流。老子屢言兵，他連兵都不廢，何至會廢禮？他說：「以道佐人主者，可以兵強天下。」又說：「夫慈以戰則勝。」慈即是仁，他用兵之際，顧及道字仁字，即是顧及本源之意。用兵顧及仁字，才不至窮兵黷武，用刑顧及仁字，才能哀矜勿喜，行禮顧及仁字，才有深情行乎其間，不至徒事虛文，行仁義顧及道德，才能到熙熙皞皞的盛世，不是相呴以濕，相濡以沫。我們讀老子一書，當作如是解。老子用兵之際，都顧及本源，即知他無處不顧及本源。

老子說：「兵者不祥之器，非君子之器，不得已而用之，恬澹為主。」他對於兵是這種主張；即知他對於禮的主張，是說：「禮者忠信之薄而亂之首，不得已而用之，道德為主。」老子明知「兵之後必有凶年」，到了不得已之時，還是要用兵，即知他明知禮之後，必有兵刑，到了不得已之時，還是要用禮。吾故曰，老子不廢禮。唯其不廢禮，以知禮守禮名於世，所以孔子才去問禮。老子知兵之弊，故善言兵，知禮之弊，故善言禮。

用刑用兵，只要以道佐之，以慈行之，民風也可復歸於樸。莊子曰：「假道於仁，託宿於義，以遊於逍遙之虛……逍遙無為也。」由此知用刑用兵，也是假道於刑，託宿於兵，以達無為之域。我們識得此意，即知老子說：「失義而後禮」，「禮仁忠信之薄」，與孔子所說：「禮雲禮雲，玉帛雲乎哉」同是一意。

(五)絕聖棄智之作用

老子說:「絕聖棄智,民利百倍,絕仁棄義,民復孝慈,絕巧棄利,盜賊無有。」又說:「天地不仁,以萬物為芻狗,聖人不仁,以百姓為芻狗。」又說:「大道廢有仁義,智慧出有大偽。」等語很受世人的訾議,這也未免誤解。老子是叫人把自己的意思除去,到了無知無慾的境界,才能窺見宇宙自然之理,一切事,當順自然之理而行之,如果不絕聖棄智,本著個人的意見做去,得出來的結果,往往違反自然之理。宋儒即害了此病,並且害得很深。例如:「婦人餓死事小,失節事大」一類話,就是害的這個病,洛蜀分黨,也是害的這個病。他們所謂理,完全是他們個人的意見,戴東原(戴震)說:「宋以來儒者,以己之見,硬作為聖賢立言之意……其於天下之事也,以己所謂理,強斷行之。」又曰:「其所謂理者,同於酷吏所謂法,酷吏以法殺人,後儒以理殺人。」東原此語,可謂一針見血,假使宋儒能像老子絕聖棄智,必不會有這種弊病。

凡人只要能夠洞明自然之理，一切事順天而動，如四時之行，百物之生，不言仁義而仁義自在其中，《莊子》一書，全是發揮此理，蘇子由（蘇轍）解老子說道：「大道之隆也，仁義行於其中，而民不知，大道廢而後仁義見矣。世不知道之足以贍足萬物也，而以智慧加之，於是民始以偽報之矣。六親方和，孰非孝慈，國家方治，孰非忠臣，堯非不孝而獨稱舜，無瞽瞍也，伊尹周公非不忠也，而獨稱龍逢比干，無桀紂也，涸澤之魚，相濡以沫，相濡以濕，不知相忘於江湖。」子由這種解釋，深得老子本旨。昌黎（韓愈）說老子小仁義，讀了子由這段文字，仁義烏得不小。嬴秦時代，李斯趙高，挾智術以馭天下，叛者四起。即是「智慧出有大偽」的實證。漢初行黃老之術，民風渾樸，幾於三代，即是「絕巧棄利，盜賊無有」的實證。

老子絕聖棄智，此心渾渾穆穆，與造化相通，此等造詣極高。孔子心知之，亦曾身體力行之，但只能喻之於心，而不能喻之於口，只可行之於己，而不能責之於人，孔子不言性與天道，非不欲言也，實不能言也，即言之與人亦未必瞭解也。孔子曰：「天何言哉，四時行焉，百物生焉，天何言哉？」此等處可見孔老學術，原是一貫。重言「天何言哉」，反覆讚歎，與老子所說：「吾不知其誰之子，象帝之先」，「恍兮惚兮，其中有物」等言絕肖。蘇子由曰：「夫道不可言，可言皆其似者也，達者因似以識真，而昧者執似以陷於偽。」子由識得此旨，所以明朝李卓吾（李贄）稱之曰：「解老子者眾矣，而子由最高。」

要窺見造化流行之妙，非此心與宇宙融合不可，正常人自然做不到，我們既然做不到，而做出的事，如果違反了造化流行之理，又是要不得的，這拿來怎樣辦呢？於是孔門傳下一個最簡單最適用的法子，這個法子，即是孔子所說的良知良能，孔門教人，每發一念，就用自己的良心裁判一下，良心以為對的即是善，認為不對的即是惡。惡的念頭，立即除去，善的念頭，就把他存留下，這即是大學上的誠意工夫。這種念頭，與宇宙自然之理是相合的，何以故呢？人是宇宙一分子，我們最初發出之念，並未參有我的私意私見，可說是徑從宇宙本體發出來的，我把這個念頭，加以考察，即與親見宇宙本體無異，把這種念頭推行出來的，就可修身齊家治國平天下，這個法子，豈不簡單極了呢？有了這個法子，我們所做的事，求與自然之理相合，就不困難了，所難者，何者為善念，何者為惡念，不容易分別，於是孔門又傳下一個最簡單的法子，叫人閒居無事的時候，把眼前所見的事，仔細研究一下，何者為善，何者為惡，把他分別清楚，隨著我心每動一念，我自己才能分別善惡，這就是格物致知了。孔門正心誠意，格物致知，本是非常簡單，愚夫愚婦，都做得到，不料宋明諸儒，把他解得玄之又玄。朱子（朱熹）無端補入格致一章，並且說：「至於用力之久，而一旦豁然貫通焉，則眾物之表裡精粗無不到，而吾心之全體大用無不明矣。」直是禪門的頓悟，豈不與中庸所說「愚夫愚婦，與知與能」相悖嗎？我們把正心誠意，改作「良心裁判」四字，或改作「問心無愧」四字，就任何人都可做到了。

（六）盈虛消長之理

老子的學說，是本著盈虛消長立論的，什麼是盈虛消長呢？試作圖說明之：如圖由虛而長，而盈，而消，迴圈不已，宇宙萬事萬物，都不出道德軌道。以天道言之：春夏秋冬，是循著這個軌道走的，以人事言之：國家之興衰成敗，和通常所謂「貧賤生勤儉，勤儉生富貴，富貴生驕奢，驕奢生淫逸，淫逸又生貧賤」，都是循著這個軌道走的。老子之學，純是自處於虛，以盈為大戒，虛是收縮到了極點，盈是發展到了極點。人能以「虛」字為立足點，不動則已，一動則只有發展的，這即是長了。如果到了「盈」字地位，則「消」字即隨之而來，這是一定不移之理，他書中所謂：「弱勝強，柔勝剛」，「高以下為基」，「功成身退天之道」，「強梁者不得其死」，「飄風不終朝，驟雨不終日」，「跂者不立，跨者不行」，「多藏必厚亡」，「高者抑之，下者舉之」，「將欲歙之，必固張之，將欲弱之，必固強之，將欲廢之，必固興之，將欲奪之，必固與之。」種種說法，都是本諸這個原則立論。這個原則，人世上一切事都適用，等於瓦特發明蒸汽（機），各種工業都適用。

（七）老子之兵法

老子把盈虛消長之理，應用到軍事上，就成了絕妙兵法。試把他言兵的話，匯齊來研究，即知他的妙用了。他說：「以道佐人主者，不以兵強天下，其事好還……善者果而已。」又曰：「夫佳兵者不祥之器，非君子之器，不得已而用之。」又曰：「以奇用兵。」又曰：「慈故能勇……夫慈以戰則勝，以守則固，天將與之，以慈衛之。」又曰：「善為士者不武，善戰者不怒，善勝敵者不爭。」又曰：「用兵有言，不敢為主而為客，不敢進寸而退尺，禍莫大於輕敵，輕敵幾喪吾寶，故抗兵相加，哀者勝矣。」又曰：「勇於敢則殺，勇於不敢則活。」又曰：「堅強者死之徒，柔弱者生之徒，是以兵強則不勝。」可知老子用兵，是出於自衛，出於不得已，以慈為主。慈有二意：一是恐我的人民為敵人所殺；二是恐敵人的人民為我所殺，所以我不敢為造事之主，如若敵人實在要來攻我，我才起而戰之，即所謂「不敢為主而為客」。雖是起而應之，卻不敢輕於開戰，「輕敵幾喪吾寶」。這個

「寶」字，就是「我有三寶」的「寶」字，慈為三寶之一，輕於開戰，即是不慈，就算失去一寶了。我即不開戰，而敵人亦必來攻，我將奈何？老子的法子就是守，故曰：「以守則固。」萬一敵人猛攻，實在守不住了，又將奈何？老子就向後退，寧可退一尺，不可進一寸，萬一退到無可退的地方，敵人還要進攻，如再不開戰，坐視我的軍士，束手待斃，這可謂不慈之極了。到了此刻，是不得已了，也就不得不戰了，從前步步退讓，極力收斂，收斂到了極點，爆發出來，等於炸彈爆裂。這個時候，我的軍士，處處是死路，唯有向敵人衝殺，才是生路，人人悲憤，其鋒不可當，故曰「哀者勝矣」。敵人的軍士，遇著這種拚命死戰的人，向前衝是必死的路，向後轉是生路，有了這種情形，我軍當然勝，故曰「以戰則勝」。敵人的兵，恃強已極，「堅強者死之徒」，他當然敗。這真是極妙兵法，故曰：「以奇用兵。」韓信背水陣，即是應用這個原理。

孫子把老子所說的原理，推演出來，成書十三篇，就成為千古言兵之祖。孫子曰：「卑而驕之。」又曰：「少則逃之，不若則避之。」又曰：「不可勝者守也。」又曰：「善守者藏於九地之下。」又曰：「投之無所往，死且不北。」又曰：「兵士甚陷則不懼，無所往則固，深入則拘，不得已則鬥。」又曰：「投之無所往，諸、劌之勇也。」又曰：「帥與之期，如登高而去其梯，帥與之深入諸侯之地，而發其機，若驅群羊，驅而往驅而來，莫知所之，聚三軍之眾，投之於險，此將軍之事也。」又曰：「死地吾將示之以不活。」又曰：「投之亡地然後存，陷之死地然後生。」又曰：「始如處女，敵人開戶，後如脫兔，敵不及拒。」凡此種種，我們拿來與老子所說的對照參觀，其方法完全是相同的，都是初時收斂，後來爆發，孫子曰：「將軍之事靜以幽。」「靜」字是老子書上所常用，「幽」字是老子書上「玄」字「杳」字「冥」字，合併而成的，足知孫子之學，淵源於老子。所異者：老子用兵，以慈為主，出於自衛，出於不得已，被敵人逼迫，不得不戰，戰則必勝；孫子則出於權謀，故意把兵士陷之死地，以激戰勝之功，把老子「以奇用兵」的「奇」字，發揮盡致。開始凡是一種學說，發生出來的支派，都有這種現象，即是把最初之說，引而申之，擴而大之，唯其如此，所以獨成一派。老子的清靜無為，連兵事上都用得著，世間何事用不著。因為老子窺見了宇宙的真理，所以他的學說，無施不可。

（八）史記老莊申韓同傳之原因

韓非主道篇曰：「虛靜以待令。」又曰：「明君無為於上。」這「虛靜無為」四字，是老子根本學說，韓非明明白白提出，足見他淵源所自。其書曰：「若水之流，若船之浮，守自然之道，行無窮之令。」又曰：「不逆天理，不傷情性，不吹毛而求小疵，不洗垢而察難知，不引繩之外，不推繩之內，不急法之外，不緩法之內，守成理，因自然，禍福生於道德，而不出於愛惡。」可見他制定的法律，總是本於自然之理，從天理人情中斟酌而出，並不強人以所難。他說：「明主立可為之賞，設可避之罰，故賢者勸賞，而不肖者少罪。」可見他所懸的賞，只要能夠努力，人人都可獲得，所定的罰，只要能夠注意，人人都可避免，又曰：「明君之行賞也，曖（指光昏暗）乎如時雨，百姓利其澤，其行罰也，畏乎若雷霆，神聖不能解也，誠有功則雖疏賤必賞，誠有過則雖嬖（指受寵愛）而必誅。」事事順法律而行，無一毫私見。他用法的結果是：「因道全法，君子樂而大奸止，淡然閒靜，因天命，持大體，上下交順，以道為舍。」這是歸於無為而止。

老子講虛靜，講無為；韓非也是講虛靜，講無為。黃老之術，發展出來，即為申韓，申韓之術，收斂起來，即為黃老。二者原是一貫。史遷（司馬遷）把老莊申韓同列一傳，即是這個道理。後人不知此理，反痛詆史遷，以為韓非與李耳同傳，不倫不類。試思史遷父子，都是深通黃老的人，他論大道則先黃老，難道對於老氏學派，還會談外行話嗎？不過韓非之學，雖是淵源於老子，也是引而申之，擴而大之，獨成一派。老子曰：「我無為而民自化。」韓非曰：「明君無為於上，群臣竦懼乎下。」同是無為二字，在老子口中，何等恬適，一出韓非之口，而凜然可畏，唯其如此，所以才獨立成派。

莊子與韓非，同是崇奉老子，一出世，一入世，途徑絕端相反，而皆本之於無為。莊子事事放任，猶可謂之無為，韓非事事干涉，怎麼可謂之無為呢？莊子是順應自然做去，毫不參加自己的意見，所以謂之無為。韓非是順應自然，製出一個法律，我即依著法律實行，絲毫不出入，也是不參加自己的意見，故韓非之學說歸於無為，因為他執行法律時，莫得絲毫通融，不像儒家有議親議貴這類辦法，所以就蒙刻薄寡恩之名了。

韓非說：「故設柙非所以備鼠也，所以使怯弱能服虎也。」可見他立法是持大體，並不苛細。漢高祖用講黃老的張良為謀臣，入關之初，「除秦苛法，約法三章，殺人者死，傷人及盜抵罪」。「苛法」是捕鼠之物，把他除去，自是黃老舉動：「殺人者死，傷人及盜抵罪」，是設柙服虎，用的是申韓手段。我們從此等地方考察，黃老與申韓，有何衝突？

（九）老子與其他諸子

道流而為德，德流而為仁，仁流而為義，義流而為禮，禮流而為刑，刑流而為兵。道德居首，兵刑居末。孫子言兵，韓非言刑，而其源者出於老子。我們如果知道：兵刑與道德相通，即知諸子之學無不與老子相通了。老子三寶，一曰慈，二曰儉，三曰不敢為天下先。孔子溫良恭儉讓，儉字與老子同，讓即老子之不敢為天下先，孔子嘗言仁，即是老子之慈，足見儒家與老子相通。墨子之兼愛，即是老子之慈，墨子之節用，即是老子之儉。老子曰：「用兵有言，不敢為主而為客，不敢進寸而退尺。」又曰：「以守則固。」墨子非攻而善守，足見其與老子相通。戰國的縱橫家，首推蘇秦，他讀的書，是陰符，揣摩期年，然後才出而遊說，古陰符不傳，他是道家之書，大約是與老子相類。老子曰：「天之道其猶張弓乎，高者抑之，下者舉之。」老子此語，是以一個「平」字立論。蘇秦說六國，每用「寧為雞口，無為牛後」一類話，激動人不平之氣，暗中藏得有天道張弓的原理，與自然之理相合，所以蘇秦的說法，能夠披靡一世。老子所說「欲取姑予」等語，為後世陰謀家所祖，他如楊朱莊列關尹諸人，直接承繼老子之學，更不待說，周秦諸子之學，即使不盡出於老子，也可說老子之學，與諸子不相牴觸，既不牴觸，也就可以相通。後世講神仙，講符讖等等，俱託始於老子，更足知老子與百家相通。

漢朝汲黯，性情剛直，其治民宜乎嚴刑峻法了，乃用黃老之術，專尚清靜。諸葛武侯，淡泊寧靜，極類道家，而治蜀則用申韓。這都是由於黃老與申韓，根本上是共通的原故。孔孟主張仁義治國，申韓主張法律治國，看是截然不同的兩種，其實是一貫的。諸葛武侯說：「法行則知恩。」這句話真是極好了，足補四書五經所未及。要施恩先必行法做起走，行法即是施恩，法律即是仁義。子產治鄭用猛，國人要想殺他，說道：「孰殺子產，吾其與之。」後來感他的恩，又生怕他死了，說道：「子產而死，誰其嗣之。」難道子產改變了政策嗎？他臨死前還說為政要用猛，可見猛的宗旨，至死不變，而所收的效果，卻是惠字，《論衡》載：「子謂子產……其養民也惠。」又講：「或問子產，子曰：『惠人也。』」猛的效果是惠，此中關鍵，只有諸葛武侯懂得，所以他治蜀尚嚴，與子產收同一之效果。一般人說申韓刻薄寡恩，其實最慈惠者，莫如申韓。申子之書不傳，試取韓非子與諸葛武侯本傳，對照讀之，當知鄙言之不謬。

韓非之學，出於荀子，是主張性惡的。荀子以為人性惡，當用禮去裁制他。韓非以為禮的裁制力弱，法律的裁制力強，故變而論刑名，由此可知：黃老申韓孟荀，原是一貫。害何種病，服何種藥。害了嬴秦那種病，故漢初藥之以黃老，害了劉璋那種病，故孔明藥之以申韓，儒者見秦尚刑名，至於亡國，以為申韓之學，萬不可行，此乃不知通變之論。商鞅變法，秦遂盛強，逮至始皇，統一中國，見刑名之學，生了大效，繼續用下去，猶之病到垂危，有良醫開一劑芒硝大黃，服之立愈，病已好了，醫生去了，把芒硝大黃作為常服之藥，焉得不病？焉得不死？於芒硝大黃何尤？於醫生何尤？

（十）孔子不言性與天道之原因

《禮記》上，孔子屢言：「吾聞諸老聃曰。」可見他的學問，淵源於老子。至大限度，只能與老子對抗，斷不能駕老子而上之。《史記》載：「孔子適周，問禮於老子，去，謂弟子曰：『鳥吾知其能飛，魚吾知其能遊，獸吾知其能走，走者可以為網，遊者可以為綸，飛者可以為矰（古代射鳥用的拴著絲繩的箭），至於龍，吾不能知其乘風雲而上天，吾今日見老子，其猶龍耶。』」這種驚訝佩服的情形，儼如虬髯客見了李世民，默然心死一樣。《虬髯客傳》載：道士謂虬髯曰：「此世界非公世界，他方可也。」虬髯也就離開中國，到海外扶餘，另覓生活。孔子一見老子，恰是這種情形。老子曰：「失道而後德，失德而後仁，失仁而後義，失義而後禮。」道德已被老子講得透透徹徹，莫得孔子說的，孔子只好從仁字講起走了。老子學說，雖包含有治世法，但是略而不詳，他專言道德，於仁義禮三者，不加深論。孔子窺破此旨，乃終身致力於仁義禮，把治國平天下的方法，條分縷析地列出來。於是老子談道德，孔子談仁義禮，結果孔子與老子，成了對等地位。孔子是北方人，帶得有點強哉矯的性質，雖是佩服老子，卻不願居他籬下。這就像清朝惲壽平，善畫山水，見了王巖谷的山水，自量不能超出其上，再畫得好，也是第二手，乃改習花卉，後來二人竟得齊名。孔子對於老子，也是這樣。他二人一談道德，一談仁義禮，可說是分工的工作。

《論語》載：子貢曰：「夫子之文章，可得而聞也，夫子之言性與天道，不可得而聞也。」孔子何以不言性與天道呢？因為性與天道，老子已經說盡，莫得孔子說的了。何以故呢？言性言天道，離不得自然二字，老子提出自然二字，業已探驪得珠，孔子再說，也不能別有新理，所以就不說了。老子說：「致虛極，守靜篤。」請問致的是什麼？守的是什麼？這明明是言心言性，一部宋元明學案，虛字靜字，滿紙都是，說來說去，終不出「致虛守靜」的範圍，不過說得比較詳細罷了。老子書中言天道的地方很多，如云「天地之間，其猶橐籥乎，虛而不屈，動而愈出」。「天長地久，天地所以長且久者，以其不自生，故能長生」。「飄風不終朝，驟雨不終日，孰為此者天地，天地尚不能長久，而況於人乎」。「天網恢恢，疏而不失」。「天之道其猶張弓乎，高者抑之，下者舉之，有餘者損之，不足者補之。」老子這一類話，即把天地化生萬物，天人感應，天道福善禍淫，種種道理，都包括在內，從天長地久，說至天地不能長久，就叫孔子再談天道，也不能出其範圍，所以只好不說了。老子所說：「有物混成，先天地生。」孔子也是見到了的，他贊周易，名此物曰太極，曾極力發揮，唯理涉玄虛，對門人則渾而不言，故大學教人，從誠意做起走。

性與天道，離了「自然」二字，是不能講的。何以見得呢？一般人說宋儒是得了孔子真傳的，朱子是集宋學大成的，朱子畢生精力，用在《四書集註》上，試拿《集註》來研究「性與天道，不可得而聞也」這一章，朱子注曰：「性者人所受之天理，天道者天理自然之本體，其實一理也。」這不是明明白白地提出「自然」二字嗎？《中庸》：「天命之謂性，率性之謂道。」朱註：「率循也，道猶路也，人物各循其性之自然，則其日用事物之間，莫不各有當行之路，是則所謂道也。」豈不是又提出「自然」二字嗎？孟子曰：「天下之言性也，則故而已矣，故者以利為本，所惡於智者，為其鑿也，如智者若禹之行水也，則無惡於智矣，禹之行水也，行其所無事也，如智者亦行所無事，則智亦大矣。天之高也，星辰之遠也，苟求其故，千歲之日至，可坐而致也。」此章言性又言天道，朱註：「利猶順也，語其自然之勢也……其所謂故者，又必本其自然之勢……水之在山，則非自然之故矣……禹之行水，則因其自然之勢則導之……程子（程頤）曰，此章專為智而發。愚謂事物之理，莫非自然，順而循之，歸為大智。」朱注五提自然二字，足見性與天道，離卻自然二字，是講不清楚的。老子既已說盡，宜乎孔子不再說了。

（十一）三教異同之點

春秋戰國時，列國並爭，同時學術界，也有百家爭鳴，自秦以後，天下統一，於是學說隨君主之旨意，也歸於統一。秦時奉法家的學說，此外的學說，皆在所排斥。漢初改而奉黃老。到了漢武帝表章六經，罷黜百家，從此以後，專奉孔子之學。而老子的學說，勢力也很大。孔老二教，在中國成為兩大河流。隨後佛教傳入中國，越傳越盛，成了三大河流。同在一個區域內，相推相蕩，經過了很長的時間，天然有合併的趨勢，於是宋儒的學說，應運而生。

我們要談宋儒的學說，須先把三教異同研究一下。三教異同古人說得很多，無待我們再說，但我們可補充一下：三教均以返本為務。孟子曰：「天下之本在國，國之本在家，家之本在身。」但返至身，還不能終止。孟子又曰：「孩提之事，無不知愛其親也，及其長也，無不知敬其兄也。」可知儒家返本，以返至孩提為止。老子一書，屢言嬰兒，請問孟子之孩提，與老子的嬰兒，同乎不同？答曰：

不同。何以故呢？孟子所說之孩提能愛親敬兄，大約是二三歲或一歲半歲。老子曰：「如嬰兒之未孩。」說文：孩，小兒笑也。嬰兒還未能笑，當然是指才下地者而言。老子又說：「骨弱筋柔而握固。」初生小孩，手是握得很緊的。可見老子所說的嬰兒，確指才下地者而言。孟子所說的孩提知愛知敬，是有知識的。老子曰：「常使民無知無慾。」是莫有知識的。可知老子返本更進一步，以返至才下地的嬰兒為止。

但老子所說的雖是無知無慾，然猶有心；故曰：「聖人當無心，以百姓心為心。」釋氏則並心而無之，以證入涅槃，無人無我為止。禪家常教人「看父母未生前面目」。竟是透過孃胎，較老子的嬰兒更進一步。他們三傢俱是在一條線上，我們可作圖表示，如圖：儒家由庚返至丁，再由丁返至丙。老子由丁返至乙。佛氏由丁返至甲。我們可呼此線為「返本線」。由此可看出三家的異同。要說他們不同，他三家都沿著返本線向後而走，這是相同的。要說他們相同，則儒家返至丙點而止，老子返至乙點而止，釋氏直返至甲點方止，又可說是不同。所從三教同與異俱說得去，總看如何看法。

《大學》說：「欲修其身者先正其心，欲正其心者先誠其意。」從身字追進兩層，直至意字，從誠意做起走。但是有意就有我，老子以為有了我即有人，人我對立，就生出許多膠膠擾擾的事，鬧個不休。有我即身，故曰：「吾所以有大患者，為吾有身。」倘若無有我身，則人與我渾而為一，就成了與人無忤，與世無爭，再不會有膠膠擾擾的事。故曰：「及吾無身，吾有何患？」莊子書上種種譏誚孔子的話，與夫老子謂孔子曰：「去子之驕氣與多欲，態色與淫志」等語，都是根據這個原理。試問如老子所說，是個什麼境界呢？這就是所說的「恍兮惚兮，窈兮冥兮」了，也即是「嬰兒未孩」的狀態，自佛學言之，此等境界是為第八識，釋氏更進一步，打破此識，而為大圓鏡智，再進而連大圓鏡智也打破，即是心經所說「無智亦無得」了。

據上面所說，似乎佛氏的境界，非老子所能到，老子的境界，非孔子所能到，則又不然，佛氏說妙說常，老子曰：「覆命日常。」又曰：「玄之又玄，眾妙之門。」佛氏的妙常境界，老子何嘗不能到呢？孔子毋意必固我，又曰：「無可無不可。」佛氏所謂法執我執，孔子何嘗莫有破呢？但三教雖同在一根線上，終是個個獨立。他們立教的宗旨，各有不同，佛氏要想出世，故須追尋至父母未生前，連心字都打破，方能出世，說是要出世，所以世間的禮樂刑政等等，也就不詳加研究了。孔門要想治世，是在人事上工作，人事之發生，以意念為起點，而意念之最純粹者，莫如孩提之童，故從孩提之童研究起來，以誠意為下手工夫，由是而正心修身，以至齊家治國平天下。他的宗旨，即是想治世，所以關於涅槃滅度的學理，也就不加探討了。老子重在窺探造化的本源，故絕聖棄智，無知無慾，於至虛至靜之中，領會那寂然不動，虛而逍遙之妙，故而像於初生之嬰兒。向後走是出世法，向前走是世間法。他說道：「多言數窮，不如守中。」這個「中」字，即指乙點而言，是介於入世出世之中。佛氏三藏十二部，孔子《詩》、《書》、《易》、《禮》、《春秋》，可算說得很多了。老子卻不願意多說，只簡簡單單五千多字，扼著乙點立論，含有「引而不發，躍如也」的意思。他的意思，只重在把入世出世，打通為一，揭出原理，等人自去研究，不願多言，所以講出世法莫得釋氏那麼精，講世間法莫得孔子那麼詳。綜而言之，釋氏專言出世法，孔子專言世間法，老子則把出世法和世間法，打通為一，這就是他三人立教不同的地方。

老子說：「致虛極，守靜篤，萬物並作，吾以觀其後，萬物藝藝，各歸其根，歸根曰靜，靜曰覆命。」他是用致虛守靜的工夫，步步向內收斂，到了歸根覆命，跟著又步步向外發展，所以他說：「修之於身，其德乃真，修之於家，其德乃彰，修之於鄉，其德乃長，修之於邦，其德乃豐，修之於天下，其德乃普。」孔子之學，得之於老子，其步驟是一樣。《大學》說：「古之慾明明德於天下者，先治其國。欲治其國者，先齊其家。欲齊其家者，先修其身，欲修其身者，先正其心，欲正其心者，先誠其意。」這是步步向內收斂。「意誠而後心正，心正而後身修，身修而後家齊，家齊而後國治，國治而後天下平。」又是步步向外發展。老子歸根覆命的工作，與佛氏相同，從「修之於身」，以至「修之於天下」，與孔子相同，所以老子之學，可貫通儒釋兩家。北方人喜吃麵，南方人喜吃飯，孔子開店賣麵，

（十一）三教異同之點

釋迦開店賣飯，老子店中，麵和飯皆有，我們喜歡吃某種，進某家店子就是了。不能叫人一律吃麵，把賣飯的店子封了，也不能叫人一律吃飯，把賣麵的店子封了。賣麵的未嘗不能做飯，賣飯的也未嘗不能做麵，不過開店的目的，各有不同罷了。儒釋道立教，各有各的宗旨，三教之徒，互相攻擊，真算多事。

（十二）宋學是融合儒釋道三家學說而成

最初孔老二教，迭為盛衰，互相排斥。故太史公說：「世之學老子則絀儒學，儒學亦絀老子。」到了曹魏時，王弼出來，把孔老溝通為一，他說：「聖人茂於人者神明也，情，應物而無累於物者也，今以無累便謂其不復應物，失之遠矣」（見《魏志鐘會傳》裴松之注），「沖和以通無」，指老氏而言。「哀樂以應物」，指孔氏而言。裴說：「應物而無累於物。」就把孔老二說，從學理上融合為一，王弼曾注《易經》和《老子》，《易經》是儒家的書，《老子》是道家的書，他注這兩部分，就是做的融合孔老的工作，這是學術上一種大著作，算是一種新學說，大受一般人的歡迎，所以開晉朝清談一派。

人情是厭故喜新的，清談既久，一般人都有點厭煩了，適值佛教陸續傳入中國，越傳越盛，在學術上另開一新世界，朝野上下，群起歡迎，到了唐時，佛經遍天下，寺廟遍天下，天臺、華嚴、淨土各宗大行，禪宗有南能北秀，更有新興之唯識宗，可算是佛學極盛時代。唐朝自稱是老子之後，追尊老子為玄元皇帝，道教因之很盛。孔子是歷代崇奉之教，當然也最盛行。三教相蕩，天然有合併的趨勢。那個時候的儒者，多半研究佛老之學，可說他們都在做三教合一的工作，卻不曾把此融合為一，直到宋儒，才把這種工作完成了。

戴東原（戴震）謂：「宋以前，孔孟自孔孟，老釋自老釋，談老釋者高妙其言，不依附孔孟，宋以來，孔孟之書，盡失其解，儒家雜襲老釋之言以解之。」這本是詆斥宋儒的話，但我們從這個地方，反可看出宋儒的真本事來，最當注意的是：「宋以前，孔孟自孔孟，老釋自老釋」二語，老釋和孔孟，大家認為是截然不同之二派，宋時就把他融合為一，創造力何等偉大。

在宋儒儘管說他是孔門嫡派，與佛老無關，實際是融合三教而成，他們學說俱在，何能掩飾。其實能把三教融合為一，這是學術上最大的成功，他們有了這樣的建樹，盡可自豪，反棄而不居，自認孔門嫡派。這即是為門戶二字所誤。唯其是這樣，我們反把進化的趨勢看出來了。儒釋道三教，到了宋朝天然該合併，宋儒順著這個趨勢做去，自家還不覺得，猶如河內撐船一般，宋儒極力欲逆流而上，自以為撐到上流了，殊不知反被捲入大海，假令程朱諸人，立意要做三教合一的工作，還看不出天然的趨勢，唯其極力反對三教合一，實際上反完成了三教合一的工作，這才見天然趨勢的偉大。宋儒學說，所以不能磨滅掉，在完成三教合一的工作，其所以為人詬病者，在裡子是三教合一，面子務必說是孔門嫡派，成了表裡不一致。我們對於宋儒，只要他的裡子，不問他的面子，他們既建樹了這樣大功，就應替他表彰。

宋儒融合三教，在實質上，不在字面上。若以字面而論，宋儒口口聲聲，詆斥佛老，所用的名詞，都是出在四書五經上，然而實質上卻是三教合一。今人言三教合一者，滿紙是儒釋道書上的名詞，我們卻不能承認他把三教融合了。這是什麼緣故呢?譬如吃飯食，宋儒把雞魚羊肉，米飯菜蔬，吃下肚去，變為血氣。看不出雞魚羊肉，米飯菜蔬的形狀，實質上卻是這些東西融合而成。他人是把這些東西吃下去，吐在地上，滿地是雞魚羊肉米飯菜蔬的細顆，並未融化。我們把融合三教之功，歸之宋儒，就是這個道理。世間的道理，根本上是共通的，宋儒好學深思，凡事要研究徹底，本無意搜求共通點，自然把共通點尋出，所以能夠把三教融合。

由晉歷南北隋唐五代，而至於宋，都是三教並行。名公巨卿，大都研究佛老之學，就中以禪宗為尤盛。我們試翻《五燈會元》一看，即知禪宗自達摩東來，源遠流長，其發達的情形，較之宋元學案所載的道學，還要盛些。王荊公嘗問張文定（方平）：「孔子去世百年，生孟軻亞聖，自後絕人何也？」文定言：「豈無？只有過孟子上者。」公問是誰？文定言：「江南馬大師，汾陽無業禪師，雪峰，巖頭，丹霞，雲門是也。儒門淡泊，收拾不住，皆歸釋氏耳。」荊公欣然嘆服。（見宋《稗類鈔宗乘》），佛教越傳越盛，幾把孔子地盤完全奪去，宋儒生在這個時候，受儒道的甄陶孕育，所以能夠創出一種新學說。

周敦頤的學問，得力於佛家的壽涯和尚和道家陳摶的太極圖，這是大家知道的。程伊川說：「程明道出入於老釋者幾十年。」宋史說：范仲淹命張橫渠讀《中庸》，讀了猶以為未足，又求諸老釋。這都是「儒門淡泊收拾不住」的緣故。明道和橫渠，都是「返求諸六經然後得之」。試問：他二人初讀孔子書，何以得不到真傳，必研究老釋多年，然後返求諸六經，才把他尋出來？何以二人都會如此？此明明是初讀儒書，繼續佛老書，涵泳既久，融會貫通，心中恍若有得：然後還向六經搜求，見所說的話，有與自己心中相合者，就把他提出來組織成一個系統，這即是所謂宋學了。因為天下的真理是一樣的，所以二人得著的結果相同。

著者往年著《心理與力學》一文，創一條臆說：「心理依力學規律而變化。」曾說：「地心有引力，把泥土沙石，有形有狀之物，吸引來成為一個地球，人心也有引力，把耳濡目染，無形無體之物，吸引來，成為一個心。」宋儒研究儒釋道三教多年，他的心，已經成了儒釋道的化合物，自己還不覺得，所以宋學表面上是孔學，裡子是儒釋道融合而成的東西。從此以後，儒門就不淡泊了，就把人收拾得住，於是宋學風靡天下，歷宋元明清以至於今，傳誦不衰。他們有了這種偉大工作，盡可獨立成派，不必依附孔子，在他們以為依附孔子，其道始尊，不知依附孔子，反把宋儒的價值看小了。

（十三）宋學含老學成分最多

宋學是融合三教而成，故處處含有佛老意味。其含有佛學的地方，前人指出很多，不必再加討論。我們所要討論的，就是宋學所含老氏成分，特別濃厚。宋儒所做的工夫，不外「人慾淨盡，天理流行」八字。天理者天然之理，也即是自然之理。人慾者個人之私意。宋儒教人把自己的私意除掉，順著自然的道理做去，這種說法，與老子有何區別？所異者，以「天」字改為「自然」二字，不過字面不同罷了。

但是他們後來注重理學，忽略了「天」字，即是忽略了「自然」二字，而理學就成了管見，此戴東原所以說宋儒以理殺人也。

周子著《太極圖說》云：「無極而太極。」這無極二字，即出自《道德經》。張橫渠之易說，開卷詮乾四德，即引老子「迎之不見其首」二語。中間又引老子「穀神，芻狗，三十輻共一轂（同「夠」，數量上可以滿足需要），高以下為基」等語，更是彰明其著的。

伊川（程頤）門人尹焞言：「先生（指伊川）平生用意，唯在易傳，求先生之學，觀此足矣，語錄之類，皆學者所記，所見有深淺，所記有工拙，蓋不能無失也。」（二程全書）可見易學是伊川根本學問，伊川常令學者看王弼易注（二程全書），《四庫提要》說：「自漢以來，以老莊說易，始魏王弼。」伊川教人看此書，即知：伊川之學根本上參有老學。

朱子（朱熹）號稱是集宋學大成的人。《論語》開卷言：「學而時習之。」朱子注曰：「後學者必效先學者之所為，乃可以明善而復其初。」戴東原（戴震）曰：「復其初出莊子。」（東原年譜），明善復初，是宋儒根本學說，莊子是老氏之徒，這也是參有老學之證。

大學開卷言：「大學之道，在明明德。」朱子注曰：「明德者人之所得乎天，而虛靈不昧，以其眾理而應萬事者也。」這個說法，即是老子的說法。我們可把這幾句話，移注老子。老子曰：「穀神不死，谷者虛也，神者靈也，不死者不昧也。」

「穀神不死」，蓋言：虛靈不昧也。「具眾理而應萬事」，即老子「虛而不屈，動而愈出」之意。「虛」則沖漠無朕，「不屈」則永珍森然，故曰「具眾理」。「動」則感而遂通，「愈出」則順應不窮，故曰：「應萬事。」這豈不是老子的絕妙註腳？

《中庸》開卷言：「天命之謂性，率性之謂道。」朱注提出自然二字。《論語》：「夫子之言性與天道，不可得而聞也。」朱注又提出自然二字。孟子「天下之言性也」一章，朱注五提自然二字，這是前面已經說了的。

又老子有「致虛極，守靜篤」二語，宋儒言心性，滿紙是虛靜二字，靜字猶可說《大學》中有之，這虛字明明是從老子得來。

宋學發源於孫明復、胡安定、石守道三人，極盛於周程張朱諸人。程氏弟兄幼年曾受業於周子，其學是從周子傳下來的，但伊川（程頤）作明道（程顥）行狀說：「先生生於一千四百年之後，得不傳之學於遺經。」又說：「先生為學，自十五六時，聞汝南周茂叔論道，遂嫌科舉之業，慨然有求道之志，未知其要，泛濫於諸家，出入於老釋者幾十年，返求諸六經，然後得之。」可見宋學是程明道特創的，明道以前，只算宋學的萌芽，到了明道，才把他組織成一個系統，成為所謂宋學。周子不過啟發明道求之志罷了。所以我們研究宋學，當從明道研究起來。

明道為宋學之祖，等於老子為周秦諸子之祖。而明道之學，即大類老子，老子曰：「聖人無常心，以百姓心為心。」明道著定性書說：「夫天地之常，以其心普萬物而無心，聖人之常，以其情順萬物而無情。故君子之學，莫如廓然而大公，物來而順應。」此等說法，與老子學說，有何區別？也即是王弼所說：「體沖和以通無，應物而無累於物。」

二程遺書載：明道言：「天地萬物之理，無獨必有對，皆自然而然，非有安排也。每中夜以思，不知手之舞之，足之蹈之也。」明道所悟得者，即是老子所說：「有無相生，難易相成，長短相形，高下相傾，聲音相和，前後相隨」之理，老子書中，每用雌雄、榮辱、禍福、靜躁、輕重、歙張、枉直、生死、多少、剛柔、強弱等字，兩兩相對，都是說明「無獨必有對」的現象。明道提出自然二字，宛然老子的學說。

其他言自然者不一而足，如遺書中，明道云：「言天之自然者，謂之天道。」又云「一陰一陽之謂道，自然之道也」皆是。故近人章太炎說：「大程遠於釋氏，偏邇於老聃。」（見《檢論卷．四通程篇》）

宋學是明道開創的，明道之學，既近於老子，所以趙宋諸儒，均含老氏意味。宋儒之學，何以會含老氏意味呢？因為釋氏是出世法，孔子是世間法，老子是出世法世間法，一以貫之。宋儒以釋氏之法治心，以孔子之學治世，二者俱是順其自然之理而行，把治心治世打成一片，恰是走入老子的途徑。宋儒本莫有居心要走入老氏途徑，只因宇宙真理，實是這樣，不知不覺，就走入這個途徑，由此知：老子之學，不獨可以貫通周秦諸子，且可以貫通宋明諸儒。換言之：即是老子之學，可以貫通中國全部學說。

伊川說：「返求諸六經然後得之。」究竟他們在六經中得著些什麼呢？他們在《禮記》中搜出《大學》、《中庸》兩篇，提出來與《論語》、《孟子》，合併研究。在《尚書》中搜出「人心唯危，道心唯微，唯精唯一，允執厥中」十六字。又在《樂記》中搜出「人生而靜，天之性也，感於物而動，性之慾也」數語，創出天理人慾等名詞，互相研究，這即是所謂「得不傳之學於遺經」了。

宋儒搜出這些東西，從學理上言之，固然是對的，但務必說這些東西是孔門「不傳之學」，就未免靠不住，「人生而靜」數語，據後人考證，是《文子》引《老子》之語，河間獻王把他採入《樂記》的。而《文子》一書，又有人說是偽書，觀其全書，自是道家之書，確非孔門之書。

閻百詩《尚書古文疏證》說：「虞廷十六字，蓋純襲用荀子，而世未之察也，荀子解蔽篇：昔者舜之治天下也云云，故道經曰：『人心之危，道心之微，危微之幾，唯君子而後能知之。』此文前文有精於道，一於道之語，遂概括為四字，復讀以成十六字。」可見宋儒講的危微精一，直接發揮荀子學說，間接是發揮道家學說。

朱子注《大學》說：「經一章，蓋孔子之言，而曾子述之。其傳十章。則曾子之意，而門人記之也。」朱子以前，並無一人說《大學》是曾子著的，不知朱子何所依據，大約是見誠意章，有曾子曰三字，據閻百詩說：《禮記》四十九篇中，稱曾子者共一百個，除有一個是指曾子外，其餘九十九個，俱指曾參，何以見得此篇多處提及曾子二字，就是曾子著的？

朱子說：《中庸》是孔門傳授心法，子思學之於書以授孟子。此話也很可疑。《中庸》有「載華嶽而不重」一語，孔孟是山東人，一舉目即見泰山，所以論孟中言山之高者，必說泰山。華山在陝西，孔子西行不到秦，華山又不及泰山著名，何以孔門著書，會言及華山呢？明明是漢都長安，漢儒著書，一舉目即見華山，故舉以為例。又說：「今天下車同軌，書同文」，更是嬴秦混一天下後的現象。這些也是經昔人指出了的。

據上所述，宋儒在遺經中，搜出來的東西，根本上發生疑問。所以宋儒的學問，絕不是孔孟的真傳，乃是孔老孟荀混合而成的，宋儒此種工作，不能說是他們的過失，反是他們的最大功績，他們極力尊崇孔孟，反對老子和荀子，實質上反替老荀宣傳，由此知：老荀所說的是合理的，宋儒所說的也是合理的。我們重在考求真相，經過他們這種工作，就可證明孔老孟荀，可融合為一，宋儒在學術上的功績真是不小。

我們這樣的研究，就可把學術上的趨勢看出來了。趨勢是什麼？就是各種學說，根本上是共通的，越是互相攻擊，越是日趨融合，何以故？因為越攻擊，越要研究，不知不覺，就把共通之點發現出來了。

《宋元學案》載：「明道不廢觀釋老書，與學者言，有時偶舉示佛語。伊川（程頤）一切屏除，雖莊列亦不看。」明道（程顥）把三教之理，融會貫通，把大原則發明瞭，伊川只是依著他這個原則研究下去，因為原則上含得有釋老成分，所以伊川雖屏除釋老之書不觀，而傳出來的學問，仍帶有釋老意味。

伊川嘗謂門人張釋曰：「我昔狀明道先生之行，我之道蓋與明道同，異時欲知我者，求之此文可也。」伊川作明道行狀，言出入於老釋者幾十年，既自稱與明道同，當然也出入於老釋。所謂不觀釋老書者，是指學成之後而言，從前還是研究過釋老的。

（十三）宋學含老學成分最多

宋儒的學說，原是一種革命手段。他們把漢儒的說法，全行推倒，另創一說，是備具了破壞和建設兩種手段。他們不敢說是自己特創的新說，仍復託諸孔子，名為復古，實是創新。路德之新教，歐洲之文藝復興，皆是走的這種途徑。宋儒學說，帶有創造性，所以信從者固多，反對者亦不少，凡是新學說出來，都有這類現象。

（十四）程明道死後之派別

明道把三教融合的工作剛剛做成功，跟著就死了。死後，他的學術，分為兩大派：一派是伊川朱子（朱熹），一派是陸象山（九淵）和王陽明（王守仁）。明道死時，年五十四歲，死了二十多年，伊川才死。伊川傳述明道的學問，就走入一偏，遞傳以至朱子。後人說朱子集宋學之大成，其實他未能窺見明道全體。宋元學者說：「朱子謂明道說話渾淪，然太高，學者難看。……朱子得力於伊川，於明道之學，未必盡其傳也。」據此可知：朱子得明道之一偏，陸象山起而紹述明道，與朱子對抗，不但對於朱子不滿，且對於伊川亦不滿。他幼年聞人誦伊川語，即說道：「伊川之言，奚為與孔孟不類。」又說：「二程見茂叔後，吟風弄月而歸，有『吾與點也』之意。後來明道此意卻存，伊川已失此意。」又說：「元晦似伊川，欽夫似明道，伊川錮蔽深，明道卻疏通。」象山自以為承繼明道的，伊川也自以為承繼明道的，其實伊川與象山，俱是得明道之一偏，不足盡明道之學。伊川之學，得朱子發揮光大之，象山之學，得陽明發揮光大之，成為對抗之兩派。朱子之格物致知，是偏重在外，陽明之格物致知，是偏重在內。明道曰：「與其非外而是內，不若內外之兩忘。」明道內外兩忘，即是包括朱陸兩派。

朱陸之爭，乃是於整個道理之中，各說半面，我們會通觀之，即知兩說可以並行不悖。

（一）**孔子說**：「學而不思則罔，思而不學則殆。」朱子重在學，陸子重思，二者原是不可偏廢。

（二）**孟子說**：「博學而詳說之，將以反說約也。」朱子重的是這個說法。孟子又說：「心之官則思，思則得之，不思則不得也，此天所與我者，先立乎其大者，則其小者不能奪也。」陸子重的是這個說法。二說同出於孟子，原是不衝突的。

（三）**陸子尊德性，朱子道問學，《中庸》說**：「尊德性而遠問學。」中間著一而字，二者原可聯為一貫。

（四）**從論理學上言之**：朱子用的是歸納法，陸子用的是演繹法，二法俱是研究學問所不可少。

（五）**以自然現象言之**：朱子萬殊歸於一本，是向心力現象，陸子一本散之萬殊，是離心力現象，二者原是互相為用的。我們這樣的觀察，把他二人的學說，合而用之即對了。

明道學術：分程（伊川）朱和陸王兩派，象山相當於伊川，陽明相當於朱子。有了朱子「萬殊歸於一本」之格物致知，跟著就有陽明「一本散之萬殊」之格物致知，猶之有培根之歸納法，跟著就有笛卡兒之演繹法，培根之學類伊川和朱子，笛卡兒之學類象山和王陽明。宇宙真理，古今中外是一樣的，所以學術上之分派和研究學問的方法，古今中外也是一樣的。

（十五）學術之分合

孔子是述而不作的人，祖述堯舜，憲章文武，融合眾說，獨成一派。老子書上有「穀神不死」及「將欲取之」等語，經後人考證，都是引用古書。他書中所說「用兵有言」及「建言有之」等語，更是明白援引古說，可見老子也是述而不作之人，他的學說，也是融合眾說，獨成一派。印度有九十六外道，釋迦一一研究過，然後另立一說，這也是融合眾說，獨成一派。宋儒之學，是融合儒釋道三教而成，也是融合眾說，獨成一派。這種現象，是學術上由分而合的現象。

大凡一種學說，獨立成派之後，本派中跟著就要分派。韓非說：「儒分為八，墨分為三。」就是循著這個軌道走的。孔學分為八派，秦亡而後，孔學滅絕，漢儒研究遺經，成立漢學，跟著又分許多派。老氏之學，也分許多派。佛學在印度，分許多派，傳入中國又分若干派。宋儒所謂佛學者，蓋禪宗也。禪宗自達摩傳至五祖。分南北兩派，北方神秀，南方慧能，慧能為六祖，他門下又分五派。明道創出理學一派，跟著就分程（伊川）朱和陸王兩派。而伊川門下分許多派，朱子門下分許多派，陸王門下也分許多派。這種現象，是由合而分的現象。

宇宙真理，是圓陀陀的，一個渾然的東西，人類的知識很短淺，不能驟窺其全，必定要這樣分而又合、合而又分的研究，才能把那個圓陀陀的東西，研究得清楚。其方式是每當眾說紛紜的時候，就有人融會貫通，使他匯歸於一的，這是做的由分而合的工作。既經匯歸於一之後，眾人又分頭研究，這是做的由合而分的工作。

我們現在所處的時代，是西洋學說傳入中國，與固有的學說發生衝突，正是眾說紛紜的時代。我們應該把中西兩方學說，融會貫通，努力做出分而合的工作。必定要這樣，才合得到學術上的趨勢，等到融會貫透過後，再分頭研究，做合而分的工作。

宋學與蜀學

凡人的思想，除受時代影響之外，還要受地域的影響。其原因：(1)凡人生在一個地方，對於本地之事，耳濡目染，不知不覺，就成了拘墟之見。(2)因為生在此地，對於此地之名人，有精密的觀察，能見到他的好處，故特別推崇他。此二者可說是一般人的通性，我寫這篇文字，也莫有脫此種意味。

(一)二程與四川之關係

凡人的思想，除受時代影響之外，還要受地域的影響。孔子是魯國人，故師法周公；管仲是齊國人，故師法太公；孟子是北方人，故推尊孔子；莊子是南方人，故推尊老子，其原因：(1)凡人生在一個地方，對於本地之事，耳濡目染，不知不覺，就成了拘墟之見。(2)因為生在此地，對於此地之名人，有精密的觀察，能見到他的好處，故特別推崇他。此二者可說是一般人的通性，我寫這篇文字，也莫有脫此種意味。

程明道(程顥)的學說，融合儒釋道三家而成。是順應時代的趨勢，已如前篇所說。至於地域關係，他生長於河南，地居天下之中，為宋朝建都之地，人文薈萃，是學術總匯的地方，故他的學說，能夠融合各家之說，這層很像老子，老子為周之柱下史，地點也在河南，周天子定都於此，諸侯朝聘往來，是傳播學說集中之點，故老子的學說，能夠貫通眾說。

獨是程明道的學說，很受四川的影響。這一層少人注意，我們可以提出來討論一下：

（一）二程與四川之關係

明道的父親，在四川漢州做官，明道同其弟伊川（程頤）曾隨侍來川，伊川文集中，有《為太中（程子父）作試漢州學生策問》三首，《為家君請宇文中允典漢州學書》、《再書》及《蜀守記》等篇，都是在四川作的文字，其時四川儒釋道三教很盛，二程在川濡染甚深，事實俱在，很可供我們的研究。

(二) 四川之易學

《宋史．譙定傳》載：「程頤之父珦，嘗守廣漢，頤與其兄顥皆隨侍，遊成都，見治篾箍桶者，挾冊，就視之，則易也，欲擬議致詰，而篾者先曰：『若嘗學此乎？』因指『未濟男之窮』以發問，二程遜而問之，則曰：『三陽皆失位也。』兄弟渙然有所省，翌日再過之，則去矣。」伊川晚年注易，於未濟卦，後載「三陽失位」之說，並曰：「斯義也，聞之成都隱者。」足觀宋史所載不虛。據《成都縣誌》所載：「二程過箍桶翁時地方，即是省城內之大慈寺。」

譙定傳又載：「袁滋入洛，問易於頤，頤曰：『易學在蜀耳，盍往求之？』滋入蜀訪問，久之，無所遇，已而見賣醬薛翁於眉邛間，與語大有所得。」我們細玩「易學在蜀」四字，大約二程在四川，遇著長於易的人很多，不止箍桶翁一人，所以才這樣說。

段玉裁做富順縣知縣，修薛翁祠，作碑記云：「……繼讀東萊呂氏撰常州志，有云。袁道絜聞蜀有隱君子名，物色之。莫能得，末至一郡，有賣香薛翁，且荷芨之市，午輒扃（關門）門默坐，意象靜深，道絜以弟子禮見，且陳所學，叟漠然久之，乃曰：『經以載道，子何博而寡要也？』之語，未幾復去。」宋史云「眉邛間」，呂氏云「至一郡」，皆不定為蜀之何郡縣，最後讀浚儀王氏《困學紀聞》云：「譙天授之易，得於蜀夷族曩（以往；以前；過去的）氏，袁道絜之易，得於富順監賣香薛翁，故曰：『學無常師。』宋之富順監，即今富順縣也，是其為富順人無疑。」（見段玉裁《富順縣誌》）究竟薛翁是四川何處人，我們無從深考，總之有這一回事，其人是一個平民罷了（按宋史作賣醬，呂氏作賣香，似應從呂氏，因東萊距道絜不久，宋史則元人所修也）。

袁滋問易於伊川，無所得，與賣醬翁語，大有所得，這賣醬翁的學問，當然不小，《論語》上的隱者，如晨門、荷蕢（盛土的草包）、沮溺、丈人等，不過說了幾句諷世話，真實學問如何，不得而知，箍桶翁和賣醬翁，確有真實學問表現，他二人易學的程度，至少也足與程氏弟兄相埒（同等），賣醬翁僅知其姓薛，箍桶翁連姓亦不傳，真是鴻飛冥冥的高人。

易學是二程的專長，二人語錄中，談及易的地方，不勝列舉。《宋史．張載傳》稱：「載嘗坐虎皮，講易水師，聽者甚眾，一夕，二程至，與論易，次日語人曰：『比見二程，深明易理，吾所不如，汝可師之。』撤坐輟講。」據此可見二程易學之深，然遇箍桶翁則敬謹領教，深為佩服，此翁之學問，可以想見。袁滋易學，伊川不與之講授，命他入蜀訪求，大約他在四川受的益很多才自謙不如蜀人，於此可見四川易學之盛。

據《困學紀聞》所說，四川的夷族，也能傳授高深的易學，可見那個時候，四川的文化是很普遍的，《易經》是儒門最重要之書，易學是二程根本之學，與四川發生這樣的關係，這是很值得研究的。

（三）四川之道教

薛翁說袁道潔博而寡要，儼然道家口吻，他扃門默坐，意象靜深，儼然道家舉止，可見其時道家一派，蜀中也很盛。二程在蜀，當然有所濡染。

宋儒之學，據學者研究，是雜有方士派，而方士派，蜀中最盛，現在講靜功的人，奉《參同契》和《悟真篇》二書，為金科玉律，此二書均與四川有甚深之關係。

《悟真篇》是宋朝張伯端字平叔號紫陽所著。據他自序是熙寧己酉年，隨龍圖陸公到成都，遇異人傳授。考熙寧己酉，即宋神宗二年，據伊川新作《先公太中傳》稱：「神宗即位年代，知漢州，熙寧中議行新法，州縣囂然，皆以為不可。公未嘗深論也，及法出，為守令者奉行唯恐後，成都一道，抗議指其未便者，獨公一人。」神宗頒行新法，在熙寧二年，即是張平叔遇異人傳授之年，正是二程在四川的時候。平叔自序，有「既遇真筌，安敢隱默」等語。別人作的序有云：「平叔遇青城丈人於成都。」又云：「平叔傳非其人，三受禍患。」漢州距成都只九十里，青城距成都，距漢州，俱只百餘里，二程或者會與青城丈人或張平叔相遇，否則平叔既不甚祕惜其術，二程間接得聞也未可知。

現在流行的《參同契集註》，我們翻開一看，注者第一個是彭曉，第二個是朱子。彭曉字秀川，號真一子，仕孟昶為祠部員外郎，是蜀永康人。永康故治，在今崇慶縣西北六十里。南宋以前，注《參同契》者十九家，而以彭曉為最先，通行者皆彭本，分九十一章，朱子乃就彭本，分上中下三卷，寧宗元年，蔡季通編置道州，在「寒泉精舍」與朱子相別，相與訂正《參同契》，竟夕不寐，明年季通卒，越二年朱子亦卒，足見朱子晚年都還在研究《參同契》這種學說。

清朝毛西河和胡渭等證明：宋儒所講，無極太極，河洛書是從華山道士陳摶傳來。朱子解易，曾言「邵子弄於希夷（即陳摶），希夷源流，出自《參同契》。」宋學既與《參同契》，發生這種關係，而注《參同契》之第一個人是彭曉，出在四川，他是孟昶之臣，孟昶降宋，距二程到川，不及百年，此種學說，流傳民間，二程或許也研究過。

（三）四川之道教

義和團亂後，某學者著一書，說：「道教中各派，俱發源於四川，其原因就是由於漢朝張道陵，在四川鶴鳴山修道，其學流傳民間，分為各派，歷代相傳不絕。」他這話不錯，以著者所知，現在四川的學派很多，還有幾種傳出外省，許多名人俯首稱弟子，這是歷歷可數的。逆推上去，北宋時候，這類教派當然很盛。二程在蜀當然有所濡染。

(四) 四川之佛教

佛教派別很多，宋儒所謂佛學者，大概指禪宗而言，禪宗至六祖慧能而大盛，六祖言：「不思善，不思惡，正憑麼時，那個是明上座本來面目？」宋儒教人：「看喜怒哀樂未發前氣象。」宛然是六祖話語。

四川佛教，歷來很盛，華嚴宗所稱為五祖的宗密，號圭峰，即是唐時四川西充人。唐三藏法師玄奘，出家在成都大慈寺。以禪宗而論，六祖再傳弟子「馬道一」，即是張文定所說馬大師，是四川什邡人，他在禪宗中的位置，與宋學中的朱子相等，有《五燈會元》可考。他的法嗣，布於天下，時號馬祖，他出家在什邡羅漢寺，得道在衡嶽，傳道在江西，曾回什邡築臺說法，邑人稱為活佛。（見《什邡縣誌》）二程在四川的時候，當然他的流風餘韻，猶有存者。什邡與漢州毗連，現在什邡高景關內，有雪門寺，相傳二程曾在寺中讀書，後人於佛殿前，建堂祀二程，把寺名改為雪門，取「立雪程門」之義。（見《什邡縣誌》）二程為甚不在父親署內讀書，要跑到什邡去讀？一定那個廟宇內有個高僧，是馬祖法嗣，二程曾去參訪。住了許久，一般人就說他去行醫讀書了。

馬祖教人，專提「心即是佛」四字，伊川曰：「性即理也。」宛然馬祖聲口，這種學理，或許從雪門寺高僧得來。

宋朝禪宗大師宗杲，名震一時，著有《大慧語錄》。朱子也曾看他的書，並引用他的話，如「寸鐵傷人」之語。魏公道是四川廣漢人，他的母親秦國夫人，曾在大慧門下，參禪有得，事載《五燈會元》。大慧之師圓悟，是成都昭覺寺和尚，著有《圓悟語錄》。成都昭覺寺，現有刻板，書首載有張魏公序文，備極推崇。圓悟與二程，約略同時，二程在川之時，四川禪風當然很盛，二程當然有所濡染。

(五)二程講道臺

二程的父親，卒於元祐五年庚午，年八十五歲，逆推至熙寧元年戊申，年六十三歲，其時王安石厲行新法，明道曾力爭不聽，他們弟兄不願與安石共事，因為父親年已高，所以侍父來蜀。明道生於宋仁宗明道元年壬申，伊川生於二年癸酉，二人入蜀時，年三十六七歲，正是年富力強的時候，他們拋棄了政治的生活，當然專心研究學問。王陽明三十七歲，謫居貴州龍場驛，大悟格物致知之旨，與二程在漢州時，年齡相同，不得志於政治界，專心研究學問，忽然發明新理，也是相同。

現在漢州城內，開元寺前，有「二程講道臺」(見《漢州志》)，可見二程在漢州，曾召集名流，互相討論，把三教的道理，融會貫通，恍然有得，才發明所謂宋學。伊川所說的「返求諸六經，然後得之」，大約就在這個時候。漢州開元寺，可等於王陽明的龍場驛。

宋明諸儒，其初大都出入佛老，其所謂佛者，是指禪宗而言，其所謂老者，不純粹是老子，兼指方士而言，陽明早年，曾從事神仙之學，並且修習有得，幾於能夠前知，有陽明年譜可證。不過陽明不自諱，宋儒就更多方掩飾，朱子著《參同契考異》託名「華山道士鄒訢」，不直署己名，掩飾情形，顯然可見。

二程是敏而好學、不恥下問的人，遇著箍桶匠，都向他請教，當然道家的紫陽派，真一派，佛家的圓悟派，也都請教過的。我們看程子主張「半日讀書，半日靜坐」，形式上都帶有佛道兩家的樣子，一定與這兩家有關係。伊川少時，體極弱，愈老愈健，或許得力於方士派的靜坐，不過從來排斥佛老，與這兩家發生關係的實情，不肯一一詳說，統以「出入佛老」一語了之，箍桶翁是他自己說出，並筆之於書，後人方才知道。

我們從旁的書考證，宋朝的高僧甚多，乃《宋史》僅有《方技傳》，而高僧則絕不一載。此由宋儒門戶之見最深，元朝修《宋史》的人，亦染有門戶習氣，一意推崇道學，特創道學傳，以位置程朱諸人，高僧足與程朱爭名，故削而不書，方技中人，不能奪程朱之席，故而書之。以我揣度，即使二程曾對人言：在蜀時，與佛老中人，如何往還，《宋史》亦必削而不書，箍桶翁和賣醬翁，不能與二程爭名，才把他寫上。其餘的既削而不書，我們也就無從詳考。

（六）孟蜀之文化

箍桶翁賣醬翁傳易，張平叔彭曉傳道，圓悟傳禪，可見其時四川的學者很多，請問為什麼那個時候四川有許多學者呢？因為漢朝文翁化蜀後，四川學風就很盛，唐時天下繁盛的地方，揚州第一，四川第二，有「揚一蜀二」之稱。唐都陝西，地方與蜀接近，那個時候的名人，莫到過四川的很少，所以中原學術，就傳到四川來。加以五代時，中原大亂，許多名流都到四川來避難，四川這個地方，最適宜於避難。前乎此者，漢末大亂，中原的劉巴許靖都入蜀避難。後乎此者，邵雍臨死，說：「天下將亂，唯蜀可免。」他的兒子邵伯溫攜家入蜀，卒免金人之禍。昔人云：「天下未亂蜀先亂，天下已治蜀後治。」這是對乎中原而言，因為地勢上的關係，天下將亂，朝廷失了統御力，四川就首先與之脫離，故謂之先亂，等到中原平定了，才來征服，故謂之後治，其實四川關起門是統一的，內部是很安定的。

五代時，中原戰爭五十多年，四川內政很修明，王孟二氏，俱重文學，《十國春秋》說王建「雅好儒臣，禮遇有加」，又說王衍「童年即能文，甚有才思」。孟蜀的政治，比王蜀更好，孟氏父子二世，凡四十一年，孟昶在位三十二年，《十國春秋》說孟昶「勸善恤刑，肇興文教，孜孜求治，與民休息」。又曰：「後主（指昶）朝宋時，自二江至眉州，萬民擁道痛哭，慟絕者凡數百人，後主亦掩面而泣。藉非慈惠素著，亦何以深入人心至此哉？」這是孟昶亡國之後，敵國史臣的議論，當然是很可信的。清朝知縣大堂面前的牌坊，大書曰「爾俸爾祿，民膏民脂，下民易虐，上天難欺」這十六字，是宋太宗從孟昶訓飭（整統；整治）州縣文中選出來，頒行天下的（見《容齋續筆．戒石銘條》），昶之整飭吏治，已可概見。

後世盛稱文景之治，文帝在位二十三年，景帝在位十六年，合計不過三十九年。孟氏父子，孜孜求治，居然有四十一年之久，真可謂太平盛世。四內既承平，所以大家都研究學問，加以孟昶君臣，都提倡文學。《十國春秋》曰：「帝（指昶）所學，為文皆本於理。居恆謂李昊徐光溥曰：『王衍浮薄而好為輕豔之文，朕不為也。』」他的宰相，母昭裔，貧賤時，向人借《文選》，其人有難色，他發憤說道：「我將來若貴，當鏤板行之。」後來他在蜀做了宰相，請後主鏤板印九經，又把九經刻石於成都學宮，自己出私財營學宮，立教舍，又刻《文選》、《初學記》、《白氏六帖》，國亡後，其子守素齎（懷著；抱著）至中朝，諸書大章於世，紀曉嵐著《四庫提要》，敘此事，並且說：「印行書籍，創見於此。」他們君臣，在文學上的功績，可算不小。

孟昶君臣，既這樣的提倡文學，內政又修明，當然中原學者，要向四川來，所以儒釋道三教的學問，普及到了民間，二程和袁滋，不過偶爾遇著兩個，其餘未遇著的，不知還有若干。因為有了這樣普遍的文化，所以北宋時，四川才能產出三蘇和范鎮諸人，蘇子由說：「轍生十九年，書無不讀。」倘非先有孟昶的提倡，他在何處尋書來讀？若無名人指示門徑，怎麼會造成大學問？東坡幼年曾見出入孟昶宮中的老尼，二程二蘇，與孟蜀相距不遠，他們的學問，都與孟昶有關，子夏居西河，魏文侯受經於子夏。初置博士官，推行孔學。秦承魏制，置博士官，伏生、叔孫通、張蒼，皆故秦博士。梁任公說：「儒教功臣，第一是魏文侯。」我們可以說：「宋學功臣，第一是孟昶。」

隋朝智者大師，居天臺山，開天臺宗，著有《大小止觀》。唐朝道士司馬承禎，字子微，也居天臺山，著有《天隱子》，又著《坐忘論》七篇。《玉澗雜書》云：「道釋二氏，本相矛盾。而子微之學，乃全本於釋氏，大抵以戒定慧為宗，……此論與智者所論止觀，實相表裡，子微中年隱天臺玉霄峰，蓋智者所居，知其淵源有自也。」（見《圖書整合道教部雜錄》）由此知：凡是互相矛盾的學問，只要同在一個地方，就有融合之可能。五代中原大亂，三教中的名人，齊整合都，彷彿三大河流，同趨於最隘的一個峽口，天然該融合為一，大約這些名流，麇（成群）整合都，互相討論，留下不少的學說。明道弟兄來川，召集遺老，築臺講道，把他集合來，融會貫通，而斷以己意，成為一個系統，就成為所謂宋學。

（七）蘇子由之學說

大家只知程氏弟兄是宋學中的泰，不知宋朝還有一個大哲學家，其成就較之程氏弟兄，有過之無不及，一般人都把他忽略了，此人為誰？即是我們知道的蘇子由（蘇轍）。程氏弟兄做了融合三教的工作，還要蒙頭蓋面，自稱是孔孟的真傳；子由著有《老子解》，序著此書時，會同僧道商酌，他又把《中庸》「喜怒哀樂之未發」和六祖「不思善不思惡」等語合併研究，自己直截了當地說出來，較諸其他宋儒光明得多。子由之孫蘇籀，記其遺言曰：「公為籀講老子數篇曰：『高出孟子二三等矣！』又曰：『言至道無如五千文。』」蘇籀又說：「公老年作詩云：近存八十一章注，從道老聃門下人。蓋老而所造益妙，碌碌者莫測矣。」子由敢於說老子高出孟子二三等，自認從道老聃門下，這種識力，確在程氏弟兄之上。蘇東坡之子蘇邁等，著有《先公手澤》，載東坡之言曰：「昨日子由寄老子新解，讀之不盡卷，廢卷而嘆，使戰國有此書，則無商鞅韓非，使漢初有此書，則孔老為一，使晉宋間有此書，則佛老不為二，不意晚年見此奇特。」我披讀東坡此段文字，心想子由此書，有甚好處，值得如此稱嘆，後來始知純是讚歎他融合三教的工作。

明朝有個李卓吾（李贄），同時的人，幾乎把他當作聖人，他對於孔子，顯然攻擊，著《藏書》六十八卷，自序有曰：「前三代吾無論矣，後三代漢唐宋是也，中間數百餘年，而獨無是非者，豈其人無是非哉？咸以孔子之是非為是非，因未嘗有是非耳。」又曰：「此書但可自怡，不可示人，故名藏書也，而無奈一二好事朋友，索觀不已，予又安能以已耶，但戒曰：『覽則一任諸君覽，但無以孔夫子之定本行賞罰也則善矣。』」他生在明朝，思想有這樣的自由，真令人驚詫，他因為創出這樣的議論，鬧得書被焚燬，身被逮捕，下場至自刎而死，始終持其說不變。其自信力有這樣的堅強，獨對蘇子由非常佩服，萬曆二年，他在金陵刻子由《老子解》，題其後曰：「解老子者眾矣，而子由最高，……子由乃獨得微言於殘篇斷簡之中，宜其善發老子之蘊，使五千餘言，爛然如皎日，學者斷斷乎不可一日去手也，解或示道全，當道全意，寄子瞻，又當子瞻意，今去子由，五百餘年，不意復見此奇特。」卓吾這樣的推崇子由，子由的學問也就可知了。

蘇子由在學術上，有了這樣的成就，何以談及宋學，一般人只知道有程朱，不知道蘇子由呢？其原因：

（一）子由書成年已老，子由死於政和二年壬辰，年七十四歲，此書是幾經改刪，至大觀二年戊子十二月方才告成。程明道死於元豐八年乙丑，年五十四歲，伊川死於大觀元年丁亥，年七十五歲，子由成書時，在明道死後二十三年。伊川死後一年，那個時候，程氏門徒遍天下，子由的學說，出來得遲，自不能與他爭勝，子由書成後四年即死，也就無人宣傳他的學說了。

（二）那時黨禁方嚴，禁人學習元祐學術，伊川謝絕門徒道：「尊所聞，行所知可也，不必及吾門也。」連伊川都不敢宣傳他的學問，子由何能宣傳？伊川死時，門人不敢送喪，黨禁之嚴可想。史稱子由「築室潁濱，不復與人相見，終日默坐，如是者幾十年」。據此，則子由此書，能傳於世，已算僥倖，何敢望其能行？

（三）後來朱子承繼伊川之學，專修洛蜀之怨，二蘇與伊川不合，朱子對於東坡所著《易傳》，子由所著《老子解》，均痛加詆毀，其詆子由曰：「蘇侍郎晚為是書，合吾儒於老子，以為未足，又並釋氏而彌縫之，可謂舛（差錯）矣，然其自許甚高，至謂當世無一人可以語此者，而其兄東坡公，亦以為『不意晚年見此奇特』。以予觀之，其可謂無忌憚者歟！因為之辯。」（見《宋元學案》）《中庸》有「小人而無忌憚」之語，朱子說他無忌憚，即是說他是小人。此段文字，幾乎破口大罵。朱子又把子由之說，逐一批駁，大都故意挑剔，其書俱在，可以復按。朱子是歷代帝王尊崇的人，他既這樣攻擊子由，所以子由的學說，也就若存若亡，無人知道了。

（四）最大原因，則孔子自漢武帝而後，取得學術界正統的地盤，程子做融合三教的工作，表面上仍推尊孔子，故其說受人歡迎，子由則赤裸裸地說出來，欠了程明道的技術，所以大受朱子的攻擊，而成為異端邪說，朱子痛詆子由，痛詆佛老，是出於門戶之見，我們不必管，只看學術演進的情形就是了。

（八）學術之演進

我們從進化趨勢上看去，覺得到了北宋的時候，三教應該融合為一，程明道和蘇子由，都是受了天然趨勢的驅迫，程子讀了許多書，來在四川，加以研究，完成融合三教的工作。蘇子由在四川讀了許多書，在潁濱閉門研究也完成融合三教的工作，二者都與四川有關。這都是由於五代時，中原大亂，三教名流，齊整合都，三大河流，同時流入最隘一個峽口的緣故。子由少時在蜀，習聞諸名流緒論，研究多年，得出的結果，也是融合三教，也是出於釋氏而偏邇於老聃，與大程子如出一轍。可見宇宙真理，實是如此。從前佛教傳入中國，與固有學術生衝突，歷南北隋唐以至五代，朝廷明令天下毀佛寺，焚佛經，誅僧尼之事凡數見，自宋儒之學說出，而此等衝突之事遂無，不過講學家文字上小有攻訐（斥責別人的過失；揭發別人的陰私）而已，何也？根本上已融合故也。

世界第一次大戰，第二次大戰，紛爭不已者，學說分歧使之然也。現在國府遷移重慶，各種學派之第一流人物，與夫留學歐美之各種專門家，大都齊集重慶，儼如孟蜀時，三教九流齊整合都一樣，也都是無數河流，趨入一個最隘之峽口。我希望產生一種新學說，融合中西印三方學術而一之，而世界紛爭之禍，於焉可免。（著者按：初版時，國府尚未遷移重慶，則只言：現在交通便利，天涯比鄰，中國、印度、西洋三大文化接觸，相推相蕩，也是三大河流，趨入最隘的峽口，中西印三大文化，也該融合為一。）

宋儒之道統

道統的統字，就是從「帝王創業垂統」那個統字竊取來，即含有傳國璽的意思，那時禪宗風行天下，禪宗本是衣缽相傳，一代傳一代，由釋迦傳至達摩，達摩傳入中國，達摩傳六祖，六祖以後，雖是不傳衣缽，但各派中仍有第若干代名稱，某為嫡派，某為旁支。宋儒生當其間，染有此等習氣，特創出道統之名，與之對抗。道統二字，可說是衣缽二字的代名詞。

（一）道統之來源

宋儒最令人佩服的，是把儒釋道三教，從學理上融合為一，其最不令人佩服的，就在門戶之見太深，以致發生許多糾葛。其門戶之見，共有兩點：(1)孔子說的就對，佛老和周秦諸子說的就不對。(2)同是尊崇孔子的人，程子和朱子說的就對，別人說的就不對。合此兩點，就生道統之說。

宋儒所說的道統，究竟是個什麼東西呢？我們要討論這個問題，首先要討論唐朝的韓愈。韓愈為人很倔強，富於反抗現實的性質。唐初文體，沿襲陳隋餘習，他就提倡三代兩漢的古文，唐時佛老之道盛行，他就提倡孔孟之學。他取的方式，與歐洲文藝復興所取的方式是相同的。二者俱是反對現代學術，回復古代學術，是一種革新運動，所以歐洲文藝復興，是一種驚人的事業。韓愈在唐時，負泰山北之地位，也是一種驚人的事業。

韓愈的學問，傳至宋朝，分為兩大派：一派是歐蘇曾王的文學，一派是程朱的道學。宋儒所謂道統的道字，就是從昌黎《原道篇》「斯道也，何道也」那個道字生出來的。孟子在從前，只算儒學中之一種，其書價格，與荀墨相等，昌黎才把他表彰出來，他讀《荀子》說：「始吾得孟軻書，然後知孔子之道尊……以為聖人之徒沒，尊聖人者孟子而已，晚得揚雄書，益信孟氏，因雄書而益尊，則雄者亦聖人之徒歟！……孟子醇乎醇者也，荀與揚大醇而小疵。」經昌黎這樣的推稱，孟氏才嶄然露頭角。

宋儒承繼昌黎之說，把孟子益加推崇，而以自己直發其傳，伊川（程頤）作明道（程顥）行狀，說道：「周公沒聖人之道不行，孟軻死聖人之學不傳，道不行百世無善治，學不傳千載無真儒，……先生生乎一千四百年之後，得不傳之學於遺經，……蓋自孟子之後事，一人而已。」史遷以孟子荀卿合傳，寥寥數十字，於所歷鄒滕任薛魯宋之事，不一書，朱子綱目，始於適魏之齊，大書特書。宋淳熙時，朱子才將《孟子》、《論語》、《大學》、《中庸》合稱為四子書，至元延祐時，始懸為令甲。我們自幼讀四子書，把孟子看作孔子化身，及細加考察，才知是程朱諸人，有了道統之見，才把他特別尊崇的。

昌黎是文學中人，立意改革文體，非三代兩漢之書不觀，他讀孔子孟荀的書，初意本是研究文學，因而也略窺見大道，無奈所得不深，他為文主張辭必己出，字法句法，喜歡戛戛獨造，因而論理論事，也要獨造。他說：「斯道也，何道也，非向所謂老與佛之道也。堯以是傳之舜，舜以是傳之禹，禹以是傳之湯，湯以是傳之文武周公，文武周公，傳之孔子，孔子傳之孟軻，孟軻死，不得其傳。」這個說法，不知他何所見而云然。程伊川曰：「軻死不得其傳，似此言語，非蹈襲前人，非鑿空撰出，必有所見。」這幾句話的來歷，連程伊川都尋不出，非杜撰而何？

宋儒讀了昌黎這段文字，見歷代傳授，猶如傳國璽一般，堯舜禹直接傳授，文、武、周公、孔子、孟軻則隔數百年，都可傳授，心想我們生在一千幾百年之後，難道不能得著這個東西嗎？於是立志要把這傳國璽尋出，經過許久，果然被他尋出來了，在《論語》上尋出「堯曰諮爾舜，……允執其中，……舜亦以命禹」。恰好偽古文《尚書》，有「人心唯危，道心唯微，唯精唯一，允執厥中」十六字。

堯傳舜，舜傳禹，有了實據，他們就認定這就是歷代相傳的東西，究禹湯文武周公，所謂授文者安在？又中間相隔數百年，何以能夠傳授？又孔子以前，何以獨傳開國之君，平民中並無一人，能得其傳？這些問題，他們都不加研究。

宋儒因為昌黎說孟子是得了孔子真傳的，就把《孟子》一書，從諸子中提出來，上配《論語》。又從《禮記》中，提出《大學》、《中庸》二篇，硬說《大學》是曾子著的。又說《中庸》是子思親筆寫出，交與孟子，於是就成了孔子傳之曾子，曾子傳之子思，子思傳之孟子，一代傳一代，與傳國璽一般無二。孟子以後，忽然斷絕。隔了千幾百年，到宋朝，這傳國璽又出現，被濂洛關閩諸儒得著，又遞相傳授，這就是所謂道統了。

道統的統字，就是從「帝王創業垂統」那個統字竊取來，即含有傳國璽的意思，那時禪宗風行天下，禪宗本是衣缽相傳，一代傳一代，由釋迦傳至達摩，達摩傳入中國，達摩傳六祖，六祖以後，雖是不傳衣缽，但各派中仍有第若干代名稱，某為嫡派，某為旁支。宋儒生當其間，染有此等習氣，特創出道統之名，與之對抗。道統二字，可說是衣缽二字的代名詞。

請問：濂洛關閩諸儒距孔孟一千多年，怎麼能夠傳授呢？於是創出「心傳」之說。說我與孔孟，心心相傳，禪宗有「以心傳心」的說法，所以宋人就有「虞廷十六字心傳」的說法，這心傳二字，也是摹仿禪宗來的。

本來禪宗傳授，也就可疑，所謂西天二十八祖，東土六祖，俱是他們自相推定的。其學簡易，最閤中國人習好，故禪宗風行天下。其徒自稱「教外別傳」，謂不必研究經典，可以直契佛祖之心，見人每問「如何是祖師西來意」？宋儒教人「尋孔顏樂處」，其意味也相同。

周子為程子授業之人，橫渠是程子戚屬，朱子紹述程氏，所謂濂洛關閩，本是幾個私人講學的團體，後來愈傳愈盛，因創出道統之名。私相推定，自誇孔孟真傳，其方式與禪宗完全相同。

朱子爭這個道統，尤為出力，他注《孟子》，於末後一章，結句說道：「……百世之下，必將有神會而心得之者耳。故於篇中歷序群聖之統，而終之以此，所以明其傳之所在，而又以俟後聖於無窮也，其旨深哉。」提出「統」字「傳」字，又說「神會心得」，即為宋學中所謂「心傳」和「道統」伏根，最奇的，於「其旨深哉」四字之後，突然寫出一段文字。說道：「有宋元豐八年，河南程顥伯醇卒，潞公文彥博題其墓曰，明道先生，而其弟正叔序之曰：周公沒，聖人之道不行，孟軻死，聖人之學不傳，道不行百世無善治，學不傳千載無真儒。無善治，士猶得以明，夫善治之道，以淑諸人，以傳諸後。無真儒，則天下貿貿焉莫知所之，人慾肆而天理滅矣，先生生乎千四百年之後，得不傳之學於遺經，以興起斯文為己任，辨異端，闢邪說，使聖人之道，煥然復明於世，蓋自孟子之後，一人而已。然學者於道，不知所向，則孰知斯人之為功，不知所至，則孰知斯名之稱情也哉。」此段文字寫畢，即截然而止，不要著一語，真是沒頭沒尾的。見得程子即是「後聖」。朱子於《大學》章句序，又說道：「河南兩夫子出，而有以接孟氏之傳，雖以熹之不敏，亦幸私淑而與有聞焉。」「著」「聞」字，儼然自附於「聞而知之」之列，於是就把道統一肩擔上。

(二) 道統之內幕

宋儒苦心孤詣，創出一個道統，生怕被人分去，朱子力排象山，就是怕他分去道統，象山死，朱子率門人，往寺中哭之，既罷，良久曰：「可惜死了告子。」硬派象山作告子，自己就變成宋學中的孟子了。

程朱未出以前，揚雄聲名很大，他自比孟子，北宋的孫復，號稱名儒，他尊揚雄為範模。司馬光注《太玄經》說道：「餘少之時，聞玄之名，而不獲見……於是求之積年。乃得觀之，初則溟涬漫漶（漫漶：文字、圖畫等因磨損或浸水受潮而模糊不清），略不可認，乃研精易慮，屏人事而讀之，數十遍，參以首尾，稍得窺其梗概。然後喟然置書嘆曰：嗚呼，揚子真大儒耶，孔子既沒，知聖人之道者，揚子而誰，荀子孟子殆不足擬，況其餘乎！觀玄之書，昭則極於人，幽則盡於神，大則包宇宙，細則入毛髮，合天人之道以為一，刮其根本，示人所出，胎育萬物，而兼為之母，若地履之而不可窮也，若海挹之而不可竭也，天下之道雖有善者，其蔑以易此矣。」司馬光這樣說法，簡直把太玄推尊得如周易一般，儼然直接孔子之傳，道統豈可被揚雄爭去嗎？孟子且夠不上，何況宋儒？宋儒正圖謀上接孟子之傳，怎能容揚雄得過？適因班固《漢書》，說揚雄曾仕新莽，朱子修綱目輕輕與他寫一筆：「莽大夫揚雄死。」從此揚雄成了名教罪人，永不翻身。孟子肩上的道統，無人敢爭，濂洛關閩，就直接孟氏之傳了。這就像爭選舉的時候，自料比某人不過，就清查某人的檔案，說他虧吞公款，身犯刑事，褫（剝奪）奪他被選權一般。假使莫得司馬光這一類稱讚揚雄的文字，綱目上何至有莽大夫這種特筆呢？揚雄仕新莽，做《劇秦美新論》。有人說其事不確，我們也不深辯，即使其事果確，一部紫陽綱目中，類於揚雄，甚於揚雄的人很多，何以未盡用此種書法呢？這都是司馬光諸人把揚雄害了的。

從前揚雄曾入孔廟，後來因他曾仕王莽，就把他請出來；荀子曾入孔廟，因為言性惡，把他請出來；公伯寧曾入孔廟，因為他譭謗子路，也把他請出來。我所不解者，司馬光何以該入孔廟？揚雄是逆臣，司馬光推尊揚雄，即是逆黨。公伯寧不過口頭譭謗子路罷了，司馬光著《疑孟》一書，反孟子說的話，層層攻訐，對於性善說，公然懷疑，其書流傳到今，司馬光一身，備具了公伯寧、荀卿、揚雄三人之罪，公然得入孔廟，豈非怪事？推原其故，司馬光是二程的好友，哲宗即位之初，司馬光曾薦明道為宗正寺丞，薦伊川為崇政殿說書，司馬光為宰相，連及二程也做官，所以二程入孔廟，連及司馬光也配享。司馬光之人品，本是很好，但律公伯寧、荀卿、揚雄三人之例，他就莫得入孔廟的資格，而今公然入了孔廟，我無以名之，直名這曰「徇私」。

宋儒口口聲聲，尊崇孔子，排斥異端，請問諸葛亮這個人為什麼該入孔廟？諸葛亮自比管樂，管樂為曾西所不屑為，孔門羞稱五霸，孟子把管仲說得一錢不值，管仲的私淑弟子，怎麼該入孔廟？又諸葛亮手寫申韓，以教後主，可見他又是申韓的私淑弟子，太史公作《史記》，把申韓與老子同傳，還有人說申韓夠不上與老子並列，老子是宋儒痛詆之人，諸葛亮是申韓私淑弟子，乃竟入孔廟，大書特書曰：「先儒諸葛亮之位。」這個儒字，我不知從何說起。

劉先主臨終，命後主讀商君書，又不主張行赦，他們君臣要研究的，都是法家的學說，我們遍讀諸葛亮本傳及他的遺集，尋不出孔子二字，尋不出四書上一句話，獨與管仲商鞅申韓，發生不少的關係，本傳上說他治蜀嚴，又說他「嚴無識而不貶」，與孔子所說「赦小過」，孟子所說「省刑罰」顯然違反，假如修個「申韓合廟」請諸葛亮去配享，寫一個「先法家諸葛亮之位」倒還名實相符。

宋儒排斥異端，申韓管商之學，豈非異端嗎？異端的嫡派弟子，高坐孔廟中，豈非怪事嗎？最好是把諸葛亮請出來，遺缺以《史記》上的陳餘補授。《史記》稱：「成安君儒者也，自稱義兵，不用詐謀。」此真算是儒者，假使遇著庸懦之敵將，陳餘一戰而勝，豈不是「仁者無敵」，深合孟子的學說嗎？恐怕孔廟中早已供了「先儒陳餘之位」，無奈陳餘運氣不好，遇著韓信是千古名將，兵敗身死，儒者也就置之不理了。

諸葛亮明明是霸佐之才，偏稱之曰王佐之才，明明是法家，卻尊之曰先儒，豈非滑稽之至嗎？在儒家謂諸葛亮託孤寄命，鞠躬盡瘁，深合儒家之道，所以該入孔廟，須知託孤寄命，鞠躬盡瘁，並不是儒家的專有品。難道只有儒家才出這類人才，法家就不出這類人才嗎？這道理怎麼說得通？我無以名之，直名之曰「慕勢」。只因漢以後，儒家尋不出傑出人才，諸葛亮功蓋三分，是三代下第一人，就把他歡迎入孔廟，藉以光輝門面，其實何苦乃爾？

林放問「禮之本」，只說得三個字，也入了孔廟，老子是孔子曾經問禮之人，《禮記》上屢引老子的話，孔子稱他為「猶龍」，崇拜到了極點。宋儒乃替孔子打抱不平，把老子痛加詆毀，這個道理，又講得通嗎？

兩廡（正房對面和兩側的小屋子）豚肩，連朱竹坨都不想吃，本來是值不得爭奪的，不過我們須知：一部二十四史，實在有許多糊塗帳，地方之高尚者，莫如聖廟，人品之高尚者，莫如程朱，乃細加考察，就有種種黑幕，其他尚復何說？

宋儒有了道統二字，橫塞胸中，處處皆是荊棘，我不知道「道統」二字有何貴重，值得如許爭執。幸而他們生在莊子之後，假使被莊子看見，恐怕又要發出些鵷鶵鵷烏（古書上說的鳳凰一類的鳥）腐鼠的妙論。我們讀書論古，當自出見解，切不可為古人所愚。

《四庫全書提要》載：「公是先生弟子記四卷，宋劉敞撰，敞發明正學，在朱程前，所見皆正，徒以獨抱道經，澹於聲譽，未與伊洛諸人，傾意周旋，故講學家視為異黨，抑之不稱耳，實則元豐熙寧之間，卓然醇儒也。」劉敞發明正學，卓然醇儒，未與伊洛諸人周旋，就視為異黨。此中黑幕，紀曉嵐早已揭穿。司馬光讚揚雄，詆孟子，因與伊洛諸人周旋，死後得入孔廟，此種黑幕，還沒有人揭穿。

(三) 宋儒之缺點

著者平日有種見解，凡人要想成功，第一要量大，才與德尚居其次。以楚漢而論，劉邦項羽二人，德字俱說不上，項羽之才，勝過劉邦，劉邦之量，大於項羽。韓信陳平黥布等，都是項羽方面的人，只因項羽量小，把這些人容納不住，他們才一齊走到劉邦方面來。劉邦豁達大度，把這些人一齊容納，漢興楚敗，勢所必至。秦誓所說「一個臣」，反覆讚歎，無非形容一個量字罷了。於此可見量字的重要。宋儒才德二者俱好，最缺乏的是量字，他們在政治界是這樣，在學術界也是這樣，君子排君子，故生出洛蜀之爭，孔子信徒排斥孔子信徒，故生出朱陸之爭。

邵康節臨死，伊川往訪之，康節舉兩手示之曰：「眼前路徑令放寬，窄則自無著身處，如何使人行？」這一窄字，深中伊川的病。宋元學案載：「二程隨侍太中，知漢州，宿一僧寺，明道入門而右，從者皆隨之。先生（指伊川）入門而左，獨行，至法堂上相會。先生自謂：『此是某不及家兄處。』蓋明道和易，人皆親近，先生嚴直，人不敢近也。」又稱：「明道猶有謔語……伊川直是謹嚴，坐間不問尊卑長幼，莫不肅然。」卑幼不說了，尊長見他，都莫不肅然。連走路都莫得一人敢與他同行，這類人在社會上如何走得通？無怪洛蜀分黨，東坡戲問他：「何時打破誠敬？」此語固不免輕薄，但中伊川之病。

《宋元學案》又說：「大程德性寬宏，規模廣闊，以光風霽月為懷。小程氣質方剛，文理密察，以峭壁孤峰為體，道雖同而造德固自各有殊。」於此可見明道量大，伊川量小，可惜神宗死，哲宗方立，明道就死了，他死之後，伊川與東坡，因語言細故，越鬧越大，直鬧得洛蜀分黨，冤冤不解。假使明道不死，這種黨爭，必不會起。

伊川凡事都自以為是，連邵康節之學，他也不以為然，康節語其子曰：「張巡許遠，同為忠義，兩家子弟，互相攻並，為退之所貶，凡託伊川之說，議吾為數學者，子孫勿辯。」康節能這樣的預誡後人，故程邵兩家，未起爭端。

朱子的量，也是非常狹隘，他是伊川的嫡系，以道統自居，凡是信從伊川和他的學說的人，就說他是好人，不信從的，就是壞人。蘇黃本是一流人物，朱子詆毀二蘇，獨不詆毀山谷，因為二蘇是伊川的敵黨，所以要罵他，山谷之孫，黃㽦，字子耕，是朱子的學生，所以就不罵了。

林慄，唐仲友，立身行己，不愧君子，朱子與慄論一不合，就成仇畔。朱子的門人，至欲燒慄的書。朱子的朋友陳亮，狎臺州官妓，囑唐仲友為其脫籍，仲友沮之，亮譏於朱子，朱子為所賣，誤興大獄，此事本是朱子不合，朱派中人就視仲友如仇讎(同「仇」)。張浚一敗於富平，喪師三十萬，再敗於淮西，喪師七萬，三敗於符離，喪師十七萬。又嘗逐李綱，引秦檜，殺曲端，斥岳飛，誤國之罪，昭然共見，他的兒子張南軒，是朱子講學的好友，朱子替張浚作傳，備極推崇。

最可怪者，朱子與呂東萊，本是最相好的朋友，《近思錄》十四卷，就是他同朱子撰的。後來因為爭論《毛詩》不合，朱子對於他的著作就字字譏彈，如云：「東萊博學多識則有之矣，守約恐未也。」又云：「伯恭之弊，盡在於巧。」又云：

「伯恭教人看文字也粗。」又云：「伯恭聰明，看文理卻不仔細，緣他先讀史多，所以看粗著眼。」又云：「伯恭於史分外仔細，於經卻不甚理會。」又云：「伯恭要無不包羅，只是撲過，都不精。」對於東萊，抵隙蹈瑕，不遺餘力，朱派的人，隨聲附和，所以元人修史，把東萊列入儒林傳，不入道學傳，一般人都稱「朱子近思錄」，幾於無人知是呂東萊同撰的。

朱子與陸象山（陸九淵），同是尊崇孔教的人，因為爭辯無極太極，幾至肆口謾罵，朱子的胸懷，狹隘到這步田地，所以他對於政治界、學術界，俱釀許多糾紛。門人承襲其說，朱陸之爭，歷宋元明清，以至於今，還不能解決。

紀曉嵐著《四庫提要》，將上述黃昀、林慄、唐仲友、張浚諸事，一一指出。其評朱呂之爭，說道：「當其投契之時，則引之於《近思錄》，使預聞道統之傳，及其抵悟以後，則字字譏彈，身無完膚，毋亦負氣相攻，有激而然歟。」別人訾議朱子不算事，《四庫提要》是清朝乾隆欽定的書，清朝功令，四書文非遵朱注不可，康熙五十一年，文廟中把朱子從廡中升上去，與十哲並列，尊崇朱子，可算到了極點。乾隆是康熙之孫，紀著《四庫提要》，敢於說這類話，可見是非公道，是不能磨滅的。紀文說：「劉敞卓然醇儒。未與伊洛諸人，傾意周旋，故講學家視為異黨。」這些說法，直是揭穿黑幕，進呈乾隆御覽後，頒行天下，可算是清朝欽定的程朱罪案。

宋俞文豹《吹劍外集》（見《知不足齋叢書》第二十四卷）說：「韓範歐馬張呂諸公，無道學之名，有道學之實，而人無間言，今伊川晦庵二先生，言為世法，行為世師，道非不弘，學非不粹，而動輒得咎何也，蓋人心不同，所見各異，雖聖人不能律天下之人，盡棄其學而學焉。……今二先生以道統自任，以師嚴自居，別白是非，分毫不貸，與安定爭，與東坡爭，與龍川象山辯，必勝而後已。浙學固非矣，貽書潘呂等，既深斥之，又語人曰：『天下學術之弊，不過兩端，永嘉事功，江西頓悟，若不極力爭辯，此道何由而得明。』蓋指龍川象山也。」程端蒙謂：「如市人爭，小不勝輒至喧競。」俞氏這段議論，公平極了。程朱的學問，本是不錯，其所以處處受人攻擊者，就在他以嚴師自居，強眾人以從己。他說：「若不極力爭辯，此道何由得明。」不知越爭辯，越生反響，此道越是不明，大凡倡一種學說的人，只應將我所見的道理，誠誠懇懇地公布出來，別人信不信由他，只要我說得有理，別人自然肯信，無須我去爭辯，若是所說得不確，任是如何爭辯，也是無益的，惜乎程朱當日，未取此種方式。

伊川晦庵，本是大賢，何至會鬧到這樣呢？要說明這個道理，就不得不採用戴東原的說法了。東原以為：「宋儒所謂理，完全是他們的意見。」因為吾人之心，至虛至靈，著不得些子物事，有了意見，就不虛不靈，惡念固壞事，善念也會壞事，猶之眼目中，不但塵沙容不得，就是金屑也容不得。伊川胸中，有了一個誠敬，誠敬就變成意見，於是放眼一看，就覺得蘇東坡種種不合。晦庵胸中，有了一個程伊川，放眼一看，就覺得像山、龍川、呂東萊諸人，均種種不合。是就像目中著了金屑，天地易色一般。伊氏主張破我執法執，不但講出世法當如是，就是講世間法，也當如是。然後知老子所說「絕聖棄智」，真是名言。東坡問伊川，「何時打破誠敬」？雖屬惡謔，卻亦至理。東坡精研佛老之學，故筆談中，俱含妙諦。程明道是打破了誠敬的，觀於「目中有妓，心中無妓」。這場公案，即可知道。

伊川抱著一個誠敬，卻繩蘇東坡，鬧得洛蜀分黨。朱子以道統自命，黨同伐異，激成慶元黨案，都是為著太執著的流弊。莊子譏孔子昭昭揭日月而行，就是這個道理。莊子並不是叫人不為善，他只是叫人按著自然之道做去，不言善而善自在其中，例如勸人修橋補路，賙濟貧窮，固然是善，但是按著自然之道做去，物物各得其所，自然無壞橋可修，無濫路可補，無貧窮來賙濟，回想那些想當善人的，抱著金錢，朝朝出門，尋橋來修，尋路來補，尋貧窮來賙濟，真是未免多事。莊子說：「泉涸，魚相與處於陸，相呴（張口呼氣）以濕，相濡以沫，不如相忘於江湖。」就是這個道理。程伊川、蘇東坡，爭著修橋補路，彼此爭得打架。朱子想獨博善人之名，把修橋補路的事，一手攬盡，不許他人染指，後來激成黨案，嚴禁偽學，即是明令驅逐，不許他修橋，不許他補路。如果他們有莊子這種見解，何至會鬧到這樣呢？

宋朝南渡，與洛蜀分黨有關，宋朝亡國，與慶元黨案有關，小人不足責，程朱大賢，不能不負點咎。我看現在的愛國志士，互相攻擊，很像洛蜀諸賢，君子攻擊君子。各種學說，互相詆斥，很像朱子與陸子互相詆斥。當今政學界諸賢，一齊走入程朱途徑去了，奈何！奈何！問程朱諸賢，缺點安在？曰：「少一個量字。」

我們評論宋儒，可分兩部分：他們把儒釋道三教，融合為一，成為理學，為學術上開一新紀元，這是做的由分而合的工作，這部分是成功了的。洛蜀分黨，釀成政治上之紛爭，朱陸分派，釀成學術上之紛爭，這是做的由合而分的工作，這部分是失敗了的。我們現在所處的時代，正與宋儒所處時代相同，無論政治上、學術上，如做由分而合的工作，決定成功，如做由合而分的工作，一定徒滋糾紛。問做由分而合的工作，從何下手？曰：從「量」字下手。

中西文化之融合

所謂中西文化衝突者，乃是西洋文化自相衝突，並非中國文化與之衝突。何以故呢？第一次世界大戰，第二次世界大戰，打得九死一生，是自由競爭一類學說釀成的，非中國學說釀成的。這就是西洋文化自相衝突的明證。西人一面提倡自由競爭等學說，一面又痛恨戰禍，豈不是自相矛盾嗎？所以要想世界太平，非把中國學說發揮光大之不可。

(一)中西文化衝突之點

西人對社會、對國家,以「我」字為起點,即是以「身」字為起點。中國儒家講治國平天下,從正心誠意做起來,即是以「心」字為起點。雙方都注重把起點培養好。所以西人一見人閒居無事,即叫他從事運動,把身體培養好。中國儒者,見人閒居無事,即叫他讀書窮理,把心地培養好。西人培養身,中國培養心,西洋教人,重在「於身有益」四字,中國教人,重在「問心無愧」四字,這就是根本上差異的地方。

史密斯(今譯亞當·斯密)倡自由競爭,達爾文倡強權競爭,西洋人群起信從,因為此等學說,是「於身有益」的,中國聖賢,絕無類似此等學說,因為倡此等學說,其弊流於損人利己,是「問心有愧」的。我們遍尋四書五經,諸子百家,尋不出史密斯和達爾文一類學說,只有莊子上的盜跖,所持議論,可稱神似。然而此種主張,是中國人深惡痛絕的。孟子曰:「雞鳴而起,孜孜為利者,蹠之徒也。」自由競爭，強權競爭，正所謂孜孜為利，這就是中西文化有差異的地方。

孔門的學說：「欲修其身，先正其心，欲正其心，先誠其意。」從身字向內，追進兩層，把「意」字尋出，以誠意為起點，再向外發展。猶這修房子，把地上浮泥除去，尋著石底，才從事建築。由是而修身，而齊家，而治國平天下，造成的社會，是「以天下為一家，以中國為一人」。人我之間，無所謂衝突，這是中國學說最精粹的地方。

西人自由競爭等說，以利己為主，以「身」字為起點，不尋石底，徑從地面建築起走，基礎未穩固，所以國際上，釀成世界大戰，死人數千萬。大戰過後，還不能解決，跟著就是第二次世界大戰，經濟上造成資本主義。

孔門的正心誠意，我們不必把它太看高深了，把他改為「良心裁判」四字就是了。每做一事，於動念之初，即加以省察，「己所不欲，勿施於人」。孔門的精義，不過如是而已。然而照這樣做去，就可達到「以天下為一家」的社會。如果講「自由競爭」等說法，勢必至「己所不欲，也可施之於人」。中國人把盜跖罵得一文不值，西洋人把類似盜跖的學說，奉為天經地義。中西文化，焉得不衝突。中西文化衝突，其病根在西洋，不在中國，是西洋人把路走錯了，中國人的路，並沒有走錯，我們講「三教異同」，曾繪有一根「返本線」，我們再把此線一看，就可把中西文化衝突之點看出來。凡人都是可以為善，可以為惡的。善心長則噁心消，噁心長則善心消，因此儒家主張，從小孩時，即把愛親敬兄，這份良知良能搜尋出來，在家庭中培養好，小孩朝夕相處的，是父親母親，哥哥弟弟，就叫他愛親敬兄，把此種心理培養好了，擴充出去，「親親而仁民，仁民而愛物」，就造成一個仁愛的世界了。故曰：「孝弟也者其為仁之本歟。」所以中國的家庭，可說是一個「仁愛培養場」。西洋人從「我」字，徑到「國」字，中間缺少了個「家」字，即是莫得「仁愛培養場」。少了由丁至丙一段，缺乏誠意功夫，即是少了「良心裁判」。故西洋學說發揮出來，就成為殘酷世界，所以說：中西文化衝突，其病根在西洋，不在中國。

所謂中西文化衝突者，乃是西洋文化自相衝突，並非中國文化與之衝突。何以故呢？第一次世界大戰，第二次世界大戰，打得九死一生，是自由競爭一類學說釀成的，非中國學說釀成的。這就是西洋文化自相衝突的明證。西人一面提倡自由競爭等學說，一面又痛恨戰禍，豈不是自相矛盾嗎？所以要想世界太平，非把中國學說發揮光大之不可。

(二)中國學說可救印度西洋之弊

西洋人，看見世界上滿地是金銀，總是千方百計想把它拿在手中，造成一個殘酷無情的世界。印度人認為這個世界，是汙濁到極點，自己的身子，也是汙濁到極點，總是千方百計，想把這個世界捨去，把這個身子捨去。唯老子則有一個見解，他說：「金玉滿堂，莫之能守。」又說：「多藏必厚亡。」世界上的金銀，他是看不起的，當然不做搶奪的事，他說：「吾所以有大患者，為吾有身，及吾無身，吾有何患。」也是像印度人，想把身子捨去，但是他捨去身子，並不是脫離世界，乃是把我的身子，與眾人融合為一。故曰：「聖人無常心，以百姓之心為心。」因此也就與人無忤，與世無爭了。所以他說「陸行不避兕(古代指犀牛)虎，入軍不避甲兵。」老子造成的世界，不是殘酷無情的世界，也不是汙濁可厭的世界，乃是「如享太牢，如登春臺，眾人熙熙」的世界。

以返本線言之：西人從丁點起，向前走，直到己點或庚點止，絕不回頭。印度人從丁點起，向後走，直到甲點止，也絕不回頭。老子從丁點起，向後走，走到乙點，再折轉來，向前走，走到庚點為止，是雙方兼顧的。老子所說「歸根覆命」一類話，與印度學說相通。「以正治國，以奇用兵」一類話，與西洋學說相通。雖說他講出世法，莫得印度那樣精，講治世法，莫得西人那樣詳，但由他的學說，就可把西洋學說和印度學說，打通為一。

我所謂：「印度人直走到甲點止，絕不回頭。」是指小乘而言，指末流而言，若釋迦立教之初，固云「不度盡眾生，誓不成佛」。原未嘗捨去世界也。釋迦本是教人到了甲點，再回頭轉來在人世上工作。無如甲點太高遠了，許多人終身走不到。於是終身無回頭之日，其弊就流於捨去世界了。老子守著乙點立論，要想出世的，向甲點走，要想入世的，就回頭轉來，循序漸進，以至庚點為止。孔子意在救世，叫人尋著丙點，即回頭轉來，做由丁到庚的工作，不必再尋甲乙兩點，以免耽誤救世工作，此三聖人立教之根本大旨也。

孔子的態度，與老子相同。印度厭棄這個世界，要想離去他。孔子則「素富貴，行乎富貴，素貧賤，行乎貧賤，素患難，行乎患難，素夷狄，行乎夷狄」。這個世界並不覺得可厭。老子把天地萬物，融合為一，孔子也把天地萬物，融合為一，宇宙是怎麼一回事，還是怎麼一回事。所謂「老者安之，少者懷之」，「天地位焉，萬物寧焉」。就是這個道理。

曾子（曾參）說：「暮春者，春服既成，冠者五六人，童子六七人，浴乎沂，風乎舞雩（古代求雨的祭禮），詠而歸。」這幾句話，與治國渺不相關，而獨深得孔子的嘉許，這是什麼原故呢？因為這幾句話，是描寫我與宇宙融合的狀態，有了這種襟懷，措施出來，當然人與我融合為一。子路可使有勇，冉有可使足民，公西華願為小相，只做到人與我相安，未做到人與我相融，所以孔子不甚許可。

宋儒於孔門這種旨趣，都是識得的，他們的作品，如「綠滿窗前草不除」之類，處處可以見得，王陽明（王守仁）「致良知」，即是此心與宇宙融合，心中之理，即是事物上之理，遇有事來，只消返問吾心，推行出來，自無不合，所以我們讀孔孟老莊及宋明諸儒之書，滿腔是生趣，讀史密斯、達爾文、尼采諸人之書，滿腔是殺機。

印度人向後走，在精神上求安慰，西洋人向前走，在物質上求安慰。印度人向後走，而越來越遠，與人世脫離關係，他的國家就被人奪去了。西洋人向前走，路上遇有障礙物，即直衝過去，鬧得非大戰不可，印度和西洋，兩種途徑，流弊俱大，唯中國則不然。孟子曰：「養生喪死無憾，王道之始也。」又曰：「黎民不饑不寒，然而不王者，未之有也。」對於物質，只求足以維持生活而止，並不在物質上求安慰，因為世界上物質有限，要求過度，人與人就生衝突，故轉而在精神上求安慰。精神在吾身中，人與人是不相衝突的，但是印度人求精神之安慰，要到彼岸，脫離這個世界，中國人求精神上之安慰，不脫離這個世界。中國學說，折中於印度與西洋之間，將來印度和西洋，非一齊走入中國這條路，世界不得太平。

孔子曰：「學而時習之，不亦悅乎，有朋自遠方來，不亦樂乎，人不知而不慍，不亦君子乎。」孟子曰：「君子有三樂，而王天下不與存焉，父母俱存，兄弟無故，一樂也；仰不愧於天，俯不怍（慚愧）於人，二樂也；得天下英才而教育之，三樂也。」中國人尋樂，在精神上，父兄師友間，西洋人尋樂，大概是在物質上，如遊公園、進戲場之類。中西文化，本是各走一條路，然而兩者可以調和，精神與物質，是不生衝突的，何以言之呢？我們把父兄師友，約去遊公園、進戲場，精神上的娛樂和物質上的娛樂就融合為一了。中西文化可以調和，等於約父兄師友遊公園、進戲場一般。但是不進公園戲場，父兄師友之樂仍在，即是物質不足供我們要求，而精神上之安慰仍在。我們這樣設想，足見中西文化，可以調和。其調和之方式，可括為二語：「精神為主，物質為輔。」今之採用西洋文化者，偏重物質，即是專講遊公園、進戲場，置父兄師友於不顧，所以中西文化就衝突了。

中西文化，許多地方，極端相反，然而可以調和，茲舉一例為證：中國的養生家，主張靜坐，靜坐時，絲毫不許動，而西洋的養生家，主張運動，越運動越好，二者極端相反，此可謂中西學說衝突，我們靜坐一會兒，又起來運動，中西兩說就融合了。我認為中西文化，可以融合為一，其方式就是這樣。

（二）中國學說可救印度西洋之弊

有人說：「孔門講仁愛，西人講強權，我們行孔子之道，他橫不依理，以兵臨我，我將奈何？」我說：這是無足慮的，孔子講仁，並不廢兵，他主張「足食足兵」。又說：「我戰則克。」又說：「仁者必有勇。」何嘗是有了仁就廢兵？孔子之仁，即是老子之慈，老子三寶，慈居第一，他說：「夫慈以戰則勝，以守則固。」假使有了仁慈，即把兵廢了，西人來，把我的人民殺死，這豈不是不仁不慈之極嗎？西洋人之兵，是拿來攻擊人，專作掠奪他人的工具，孔老之兵，是拿來防禦自己，是維持仁慈的工具，以達到你不傷害我，我不傷害你而止，這也是中西差異的地方。

孔老講仁慈，與佛氏相類，而又不廢兵，足以抵禦強暴。戰爭本是殘忍的事，孔老能把戰爭與仁慈融合為一，這種學說，真是精粹極了。所以中國學說，具備有融合西洋學說和印度學說的能力。

西洋的學問，重在分析，中國的學問，重在會通，西人無論何事，都是分科學研究究，中國古人，一開口即是天地萬物，總括全體而言之。就返本線來看，西洋講個人主義的，只看見線上的丁點（我），其餘各點，均未看見。講國家主義的，只看見己點（國），其餘各點，也未看見。他們既未把這根線看通，所以各種主義互相衝突。孔門的學說，是修身齊家治國平天下，一以貫之。老子說：「修之於身，其德乃真，修之於家，其德乃餘，修之於鄉，其德乃長，修之於邦，其德乃豐，修之於天下，其德乃普。」孔老都是把這根線看通了，倡出「以天下為家，以中國為一人」的說法，所謂個人也，國家也，社會也，就毫不覺得衝突。（以天下為一家二語，出《禮運》，本是儒家之書，或以為是道家的說法，故渾言孔老。）中國人能見其會通，但嫌其渾圇疏闊，西人研究得很精細，而彼此不能貫通，應該就西人所研究者，以中國之方法貫通之，各種主義，就無所謂衝突，中西文化，也就融合了。

印度講出世法，西洋講世間法，老子學說，把出世法、世間法打通為一，宋明諸儒，都是做的老子工作，算是研究了兩三千年，開闢了康莊大道，我們把這種學說，發揮光大了，就可把中西印三方文化，融合為一。

（二）中國學說可救印度西洋之弊

世界種種衝突，是由思想衝突來的，而思想之衝突，又源於學說之衝突，所謂衝突，都是末流的學說，若就最初言之，則釋迦孔老和希臘三哲，固無所謂衝突。我想將來一定有人出來，把儒釋道三教、希臘三哲、和宋明諸儒學說、西方近代學說，合併研究，融會貫通，創出一種新學說，其工作與程明道融合儒釋道三教，成為理學一樣。假使這種工作完成，則世界之思想一致，行為即一致，而世界大同，就有希望了。

就返本線來看，孔子向後走，已經走到丙點，老子向後走，已經走到乙點，佛學傳入中國，不過由乙點再加長一截，走到甲點罷了，所以佛學傳入中國，經程明道一番工作，就可使之與孔老二教融合。

孔老二氏，折身向前走，由身而家，而國，而天下，與西人之由個人而國家，而社會，也是同在一根線上，同一方向而走，所以中國學說與西洋學說，有融合之可能。

西洋、印度、中國，是世界三大文化區域，印度文化首先與中國接觸，經宋儒的工作，已經融合了，現在與西洋文化接觸，我們應該把宋儒的理學，加以整理，去其拘迂者，取其圓通者，拿來與西洋學說融會貫通，世界文化就融合為一了。

（三）中國學術界之特點

有人問道：「西洋自由競爭諸說，雖有流弊，但施行起來，也有相當效果，難道我們一概不採用嗎？」我說：「中國學術界，有一種很好的精神，只要能夠應用此種精神，西洋的學說，就可採用了。」茲說明如下：

魯有男子獨處，鄰有嫠（寡）婦亦獨處，夜雨室壞，婦人趨而託之，男子閉戶不納，婦人曰：「子何不學柳下惠？」男子曰：「柳下惠則可，我則不可，我將以我之不可，學柳下惠之可。」孔子聞之曰：「善學柳下惠者，莫如魯男子。」這種精神，要算中國學術界特色。孔子學於老子，老子尚陰柔，有合乎「坤」。孔子贊周易，以陽剛為貴，深取乎「乾」，我們可說：「善學老子者，莫如孔子。」孟子終身願學孔子，孔子言「性相近」，孟子言「性善」。孔子說：「我戰則克。」孟子則說：「善戰者服上刑。」孔子說：「齊桓公正而不譎（欺詐）。」又說：「桓公九合諸侯，不以兵車，管仲之力也，如其仁，如其仁。」又曰：「微管仲，吾其披髮左衽（衣襟)矣。」孟子則大反其說,曰:「仲尼之徒,無道桓文之事者。」又曰:「管仲曾西之所不為也,而子為我願之乎。」諸如此類,與孔子之言,顯相牴觸,然不害為孔門嫡系。我們可說:「善學孔子者,莫如孟子。」韓非學於荀子,荀子言禮,韓非變而為刑名,我們可說:「善學荀子者,莫如韓非。」非之書,有《解老》《喻老》兩篇,書中言虛靜,言「無為」,而無一切措施,與老子全然不類,我們可說:「善學老子者,莫如韓非。」其他類此者,不勝列舉。九方皋相馬,在牝牡驪黃之外。中國古哲,師法古人,全在牝牡驪黃之外。遺貌取神,為中國學術界最大特色。書家畫家,無不如此。我們本此精神,去採用西歐文化,就有利無害了。

孟子曰:「規矩方圓之至也,聖人人倫之至也。」規矩是匠師造房屋的器具,人倫是匠師造出的房屋,古人當時相度地勢,計算人口,造出一座房屋,原是適合當時需要的。他並未說:「傳之千秋萬世,子子孫孫,都要住在這個屋子內。」又未說:「這個房子,永遠不許改造修補。」匠師臨去之時,把造屋的器具,交給我們,將造屋的方法,傳給我們。後來人口多了,房屋不夠住,日曬雨淋,房子朽壞，既不改造，又不修補，徒是朝朝日日，把數千年以前造屋的匠師痛罵，這個道理，講得通嗎？

中國一切制度，大概是依著孔子的主義制定的，此種制度，原未嘗禁人修改。孔子主張尊君，孟子說：「君之視臣如土芥，則臣視君如寇仇。」又說：「民為貴，社稷次之，君為輕。」又說：「聞誅一夫紂矣，未聞弒君也。」孔子說：「入公門，鞠躬如也。」孟子曰：「說大人則藐之，勿視其巍巍然，堂高數仞，榱（椽子）題數尺，我得志弗為也。」孔子尊君的主張，到了孟子，幾乎莫得了。孔子作春秋，尊崇周天子，稱之曰天王，孟子以王道說各國之君，言曰：「地方百里，而可以王。」那個時候，周天子尚在，孟子視同無物，豈不顯悖孔子的主張嗎？他是終身願學孔子的人，說：「自生民以來，未有聖於孔子。」算是崇拜到了極點的。他學孔子，未及百年，就把孔子的主張，修改得這樣厲害，孔子至今兩三千年，如果後人也像孟子的辦法，繼續修改，恐怕歐人的德謨克拉西，早已見諸中國了。孟子懂得修屋的法子，手執規矩，把孔子所建的房屋，大加修改，還要自稱是孔子的信徒，今人現放著規矩，不知使用，只把孔子痛罵，未免不情。

從前印度的佛學，傳入中國，中國盡量採用，修改之，發揮之，所有「天臺宗」、「華嚴宗」、「淨土宗」等，一一中國化，非影印度之舊，故深得一般人歡迎，就中最盛者，厥唯「禪宗」，而此宗在印度，幾等於無，唯有「唯識」一宗，帶印度色彩最濃。此宗自唐以來，幾至失傳，近始有人出而提倡之。我們可以得一結論：「印度學說，傳到中國，越中國化者越盛行，帶印度色彩越濃者，越不行，或至絕跡。」我們今後採用西洋文化，仍用採用印度文化方法，使史密斯、達爾文諸人，一一中國化，如用藥之有炮炙法，把他有毒那一部分除去，單留有益這一部分。達爾文講進化不錯，錯在因競爭而妨害他人，史密斯（今譯亞當．斯密）發達個性不錯，錯在因發達個性而妨害社會，我們去其害存其利就對了，第一步用老子的法子，合乎自然趨勢的就採用，不合的就不採用。第二步用孔子的法子，凡是先經過良心裁判，返諸吾心而安，然後才推行出去。如果能夠這樣的採用，中西文化，自然融合。今之採用兩法者，有許多事項，律以老子之道，則以違反自然之趨勢，律以孔子之道，則以返諸吾心而不安，及至行之不通，處處荊棘，乃嘵（形容爭辯的聲音）嘵然號於人曰：「中西文化衝突，此老子之過也，此孔子之過也。」天乎冤哉！

(四) 聖哲之等級

中國周秦之間，學說紛繁，佛學雖是印度學說，但傳入中國已久，業已中國化，就我個人的意見，與他定一個等級，名曰「聖哲等級表」，一佛氏，二莊子，三老子，四孔子，五告子，六孟子，七荀子，八韓非，九楊朱，十墨翟。

此表以老子為中心，莊子向後走，去佛氏為近，是為出世法，孔子以下，向前走，俱是世間法，告子謂性無善無不善，其湍水之喻，實較孟荀之說為優，古來言「性」之人雖多，唯有告子之說，任從何方面說，俱是對的，故列孟荀之上。凡事當以人己兩利為原則，退一步言之，亦當利己而無損於人，或利人而無損於己，楊朱利己而損於人，故列第九。墨翟利人而有損於己，故列第十。此表以十級為止。近來的人，喜歡講史密斯達爾文尼采諸人的學說，如把這三人列入，則斯達二氏的學說，其弊流於損人，斯氏當列第十一，達氏當列第十二。尼采倡超人主義，說：「剿滅弱者，為強者天職。」說：「愛他主義，為奴隸道德。」專作損人利己的工作，其學說為最下，當列第十三。共成十三級。尼采之下，不能再有了。中國之盜跖，和西洋之希特勒、墨索里尼，就其學說言之，應與尼采同列一欄。

我們從第十三級起，向上看，越上越精深，研究起來，越有趣味。從第一級起，向下看，越下越粗淺，實行起來越適用。王弼把老孔融合為一，晉人清談，則趨入老莊，尤偏重莊子，這是由於老子的談理，比孔子更精深，莊子談理，比老子更精深的原故。程明道把儒釋道三教，融合為一，開出「理學」一派，而宋明諸儒，多流入佛氏。這是由佛氏談理，比孔老更精深的緣故。從實施方面言之，印度行佛教而亡國，中國行孔老之教而衰弱，西人行史密斯達爾文諸人之說而盛強，這即是越粗淺越適用的明證，我們研究學理，當力求其深，深則洞見本源，任他事變紛乘，我都可以對付，不致錯誤。至於實踐方面，當力求其淺，淺則愚夫愚婦能知能行，才行得起來。

西人崇奉史密斯之說而國富，崇奉達爾文之說而國強，而世界大戰之機，即伏於其中。德皇威廉第二，崇奉尼采之說，故大戰之前德國最為昌盛，然敗不旋踵。現在希特勒、墨索里尼和日本軍閥，正循威廉覆轍走去，終必收同一之結果，故知史密斯等三人之學說，收效極大，其弊害亦極大。

墨子學說，雖不完備，但確是救時良藥，其學說可以責己，而不可以責人，只有少數聖賢才做得到，當今之世，滔滔者皆是損人利己之流，果有少數聖賢，反其道而行之，抱定損己利人之決心，立可出斯民於水火。墨子之說偏激，唯其偏才能醫好大病，現在史密斯、達爾文、尼采諸人之言盈天下，墨子之學說，恰是對症良藥。

墨子之損己，是出乎自願，若要強迫他受損，這是不行的，墨子善守，雖以公輸之善攻，且無如之何！如果實行墨子之道，絕不會蹈印度亡國覆轍，中國學說理論之不完備，莫如墨子，然而施行起來，也可救印度學說和西洋學說兩方之偏。所以要想世界太平，非西洋和印度人一齊走入中國這條路不可。

楊朱的學說，也是對症之藥，現在的弊病，是少數人爭權奪利，大多數人把自己的權利，聽憑別人奪去，以致天下大亂。楊朱說：「智之所貴，存我為貴，力之所賤，侵物為賤。」守著自己的權利，一絲一毫，不許人侵犯，我也不侵犯人一絲一毫。人人不犯天下，天下自然太平。孟子說：「楊氏為我，是無君也。」君主是從每人身上，掠取些須權利，積而成為最大的權利，才有所謂君王，人人守著自己的權利，絲毫不放，即無所謂君王。猶之人人守著包裹東西，自然就莫得強盜。實行楊朱學說，則那些假借愛國名義，結黨營私的人，當然無從立起。各人立在地上，如生鐵鑄成的一般，無侵奪者，亦無被侵奪者，天下焉得不太平？不過由楊朱之說，失去人我之關聯，律以天然之理，尚有未合。

孟子說：「楊朱墨翟之言蓋天下，天下之言，不歸楊，則歸墨。」這個話很值得研究。因為孟子那個時代，人民所受痛苦，與現在一樣，所以楊墨的學說，才應運而生，春秋戰國，是中國學術最發達時代，楊墨的學說，自學理上言之，本是一偏，無如害了那重病，這類辦法，確是良藥，所以一般學者，都起來研究，而楊墨之言就盈天下了。

孔子的學說，最為圓滿，但對於當時，不甚切要。所以身死數十年後，他在學術上的地盤，會被楊墨奪去，孟子說：「天下之言，不歸楊，則歸墨。」可見孔子三千弟子的門徒，全行變為楊墨之徒，大約孟子的師伯師叔，和一切長輩，都是楊墨之徒了，因此孟子才出來，高呼：「打倒楊墨，恢復孔教。」

孟子的學說，本來較楊墨更為圓滿，但對於我們現在這個時代，不免稍微地帶了唱高調的性質，應該先服點楊墨之藥，才是對症。現在須有人抱定墨子犧牲自己的精神，出來提倡楊墨的學說，叫人人守著自己的權利，絲毫不放，天下才太平，並且還要先吃點韓非之藥，才能吃孔孟之藥，何以故呢？諸葛武侯曰：「法行則知恩。」現在這些驕兵悍將，貪官汙吏，劣紳土豪，奸商貴族，非痛痛地用韓非的法子，懲治一下，難免不養癰遺患，故我們應當從第十級逆行上去，第十一級以下，暫不必說。

（五）老子與西洋學說

中國學說，當以老子為總代表，他的學說與佛氏相通，這是無待說的，而其學說又與西洋學說相通，茲舉嚴批老子為證：嚴又陵於老子第三章說道：「試讀布魯達奇英雄傳中，來刻谷士一首，考其所以治斯巴達者，則知其作用，與老子同符。此不佞所以云：黃老為民主治道也。」於第十章批曰：「夫黃老之道，民主之國所用也，……君主之國，未有能用黃老者也，漢之黃老，貌襲而取之耳。」於三十七章批曰：「文明之進，民物熙熙，而文物聲名皆大盛，此欲作之且宜防也，老子之意，以為亦鎮之以樸而已。此旨與盧梭正同。」又曰：「老子言作用，則稱侯王，故知道德經是言治之書。」然孟德斯鳩《法意》篇中言：「民主乃用道德，君主則用禮，至於專制乃用刑。」中國未嘗有民主之制也，雖老子不能為未見其物之思想。於是道德之治，於君主中求之不得，乃遊心於黃老以上，意以為太古有之，蓋太古君不甚尊，民不甚賤，事本與民主為近也，此所以下篇有小國寡民之說，夫甘食美服，安居樂俗，鄰國相望，如是之世，正孟德斯鳩《法意》篇中，所指為民主中之真相也，世有善讀二書者，必將以我為知矣，嗚呼，老子進行，民主之治之所用也。」於第四十六章批曰：「純是民主主義，讀法儒孟德斯鳩《法意》一書；有以徵吾言之不妄也。」據嚴氏這種批評，可見老子學說，又可貫通西洋最優秀的民主思想。

現在西洋經濟上所實行的，以史密斯學說為原則，政治上所採用的，以盧梭學說為原則。史密斯在經濟上主張自由，盧梭在政治上主張自由，中國的老子，正是主張自由的人，我們提出老子來，就可貫通斯盧二氏之學說，史密斯的自由競爭，一變而為達爾文的強權競爭，再變而為尼采的超人主義，與中國所謂「道德流為刑名」是一樣的。西洋有了自由主義，跟著就有法西斯主義，與中國有了黃老之放任，跟著就有申韓之專制，也是一樣的。我們知道黃老之道德，與申韓之刑名，原是一貫，即可把各種學說之貫通性和蛻變之痕跡看出來。

我不是說中國有了老子，就可不去研究西洋的學問，我只是提出老子，可見得各種學說，可以互相貫通，只要明白這個道理，就可把西洋的學問，盡量的研究。

（六）學道應走之途徑

西人用仰觀俯察的法子，窺見了宇宙自然之理，因而生出理化各科。中國古人，用仰觀俯察的法子，窺了宇宙自然之理，因而則定各種制度。同是窺見自然之理，一則用之物理上，一則用之人事上，雙方文化，實有溝通之必要。

中國古人定的制度，許多地方極無條理，卻極有道理，如所謂父慈子孝，兄友弟恭，在上者仁民愛物，在下者親上事長之類，隱然磁電感應之理，不言權利義務，而權利義務，自在其中，人與人之間，生趣盎然。西人則與人之間，劃出許多界線，所以西洋的倫理，應當灌注以磁電，才可把冷酷的態度改變。中國則未免太渾圇了，應當參酌西洋組織，果能如此，中西文化即融合了。

研究學問，猶如開礦一般，中國人、印度人、西洋人，各開一個洞子，向前開採。印度人的洞子和中國人的洞子，首先打通。現在又與西洋的洞子接觸了。宇宙真理是渾然的一個東西，中國人、印度人、西洋人，分途研究，或從人事上研究，或從物理上研究，分出若干派，各派都分了又合，合了又分，照現在的趨勢看去，中西印三方學說，應該融會貫通，人事上的學說，與物理上的學說，也應該融會貫通，我輩生當此時，即當順應潮流，做這種融合工作，融合過後，再分頭研究。像這樣的分了又合，合了又分，經了若干次，才能把那個渾然的東西，研究得毫無遺憾，依舊還他一個渾然的特性。

宇宙真理，只有一個，只要研究得徹底，彼此是不會衝突的，如有互相衝突之說，必有一說不徹底，或二說俱不徹底。衝突愈甚，研究愈深，自然就把本源尋出，而二者就融合為一。故衝突者，融合之預兆也。譬如數個泥丸放至盤中，不相接觸，則永久不生衝突，永久是個個獨立，取之擠之捏之，即可合為一個大泥丸。中國、印度、西洋，三方學術從前是個個獨立，不相接觸。自佛法西來，與中國固有學術發生衝突，此所謂擠之捏之也，而程明道(程顥)之學說，遂應運而生。歐化東漸，與中國固有學術又發生衝突，此亦所謂擠之捏之也。就天然趨勢觀之，又必有一種新學說應運而生，將中西印三方學術融合為一。

然則融合中西印三方學術，當出以何種方式呢？我們看從前融合印度學術的方式，就可決定應走的途徑了。佛教是出世法，儒教是入世法，二者是相反的。程明道出來，以釋氏之法治心，孔氏之法治世，入世出世，打成一片，是走的老子途徑。蘇子由（蘇轍）著一部《老子解》，融合儒釋道三教，也是走的老子途徑，王陽明（王守仁）在龍場驛，大徹大悟，獨推象山（陸九淵），象山推崇明道，也是走入老子途徑。思想自由如李卓吾（李贄），獨有契於蘇子由，仍是走入老子途徑。又明朝陳白沙，學於吳康齊，未知入處，乃揖耳目，去心智，久之然後有得，而白沙之學，論者謂其近於老莊，可見凡是掃除陳言，冥心探索的人，得出的結果，無不走入老子途徑。因老子之學，深得宇宙真理故也。據嚴批老子所說，老子之學，又可貫通西洋學說，我們循著老子途徑做去，必可將中西印三方學術，融合為一。

老子之學，內聖外王，其修之於內也，則曰：「致虛靜，萬物並用，吾以觀其復。」其推之於外也，則曰：「修之於身，其德乃真，修之於家，其德乃餘，修之於鄉，其德乃長，修之於邦，其德乃豐，修之於天下，其德乃普。」孔門誠意、正心、修身、齊家、治國、平天下，一以貫之，與老子之旨正同，此中國學說之特色也。佛學傳入中國，與固有的學術，發生衝突，程明道就用孔門的正心誠意，與佛學的明心見性，打通為一。現在西洋的個人主義、國家主義，傳入中國，與固有學術，又生衝突，我們當用孔門的修齊治平，打通為一。西人把個人也，國家也，社會也，看為互不相容之三個物體，而三種主義，遂互相衝突。孔門則身也，家也，國也，天下也，一以貫之，於三者之中，添一個家字，老子更添一鄉字，毫不衝突，此中國主義之所以為大同主義也。中印學術，早已融合，現在只做融合中西學術之工作就是了。此種工作，一經完成，則世界學說，匯歸於一，學術一致，行為即一致，人世之紛爭可免，大同之政治可期。這種責任，應由中國人出來擔任，西洋人和印度人是不能擔負的，何也？西印兩方人士，對於中國學術，素乏深切之研究，而中國人對於本國學術研究了數千年。對於印度學術研究了兩千年，甲午庚子之役後，中國人盡量的研究西洋學術，已四十五年，所以融合中西印三方學術的工作，應該中國人出來擔負，是在中國學者，順應此種之趨勢，努力為之而已。

施行考試制，猶如種牛痘一般，先年患天行痘很多，自從有了種牛痘的法子，就把這病消滅了。身有痘毒的，種了過後，不過數日之內，受點小小痛苦，終就無危險了。身無痘毒的，種了過後，毫不起作用，並無何種危險。我們實行考試，有不及格的學生，可以再行補習，不過略略費點時間，自己多操點學問，是很有益的。至於平日肯用功的學生，受了考試，當然是及格的，並無何種妨害。又有人說：考試只憑一日之長，不能考取真才。我說：這是無妨害的事，我們怕痘毒不能去盡，可以多種幾次，怕試場之中有僥倖及格的，我們多複試幾次就是了。

（六）學道應走之途徑

電子書購買

爽讀 APP

國家圖書館出版品預行編目資料

李宗吾談中國學術之趨勢：從老子與宋學到中西文化融合，看學術的分合與演進 / 李宗吾 著 . -- 第一版 . -- 臺北市：複刻文化事業有限公司，2023.11

面； 公分

POD 版

ISBN 978-626-97907-5-3(平裝)

1.CST: 思想史 2.CST: 中國哲學史

112 112017394

李宗吾談中國學術之趨勢：從老子與宋學到中西文化融合，看學術的分合與演進

臉書

作　　者：李宗吾

發 行 人：黃振庭

出 版 者：複刻文化事業有限公司

發 行 者：複刻文化事業有限公司

E-mail：sonbookservice@gmail.com

粉 絲 頁：https://www.facebook.com/sonbookss/

網　　址：https://sonbook.net/

地　　址：台北市中正區重慶南路一段六十一號八樓 815 室

Rm. 815, 8F., No.61, Sec. 1, Chongqing S. Rd., Zhongzheng Dist., Taipei City 100, Taiwan

電　　話：(02) 2370-3310　　傳　　真：(02) 2388-1990

印　　刷：京峯數位服務有限公司

律師顧問：廣華律師事務所 張珮琦律師

定　　價：250 元

發行日期：2023 年 11 月第一版

◎本書以 POD 印製

Design Assets from Freepik.com